陆剑宝 等◎著

ZHONGGUO XIANGCUN ZHENXING DIAOYAN SHILU
GUANGDONG TESE YANGBEN
ZHONGSHANDAXUE BOSHIHOU DE 900 TIAN BAI CUN ZHI LU（SHANG）

中国乡村振兴调研实录
——广东特色样本

中山大学博士后的900天百村之路（上）

U0330327

·广州·

中山大学出版社
SUN YAT-SEN UNIVERSITY PRESS

版权所有　翻印必究

图书在版编目（CIP）数据

中国乡村振兴调研实录. 广东特色样本：中山大学博士后的 900 天百村之路（上）/陆剑宝等著 . —广州：中山大学出版社，2023.5
　　ISBN 978 - 7 - 306 - 07815 - 5

　　Ⅰ . ①中…　　Ⅱ . ①陆…　　Ⅲ . ①农村—社会主义建设—研究报告—广东　Ⅳ . ①F320.3

中国国家版本馆 CIP 数据核字（2023）第 097008 号

出 版 人：王天琪
策划编辑：曾育林
责任编辑：曾育林
封面设计：曾　斌
责任校对：梁嘉璐
责任技编：靳晓虹
出版发行：中山大学出版社
电　　话：编辑部 020 - 84113349，84110776，84111997，84110779，84110283
　　　　　发行部 020 - 84111998，84111981，84111160
地　　址：广州市新港西路 135 号
邮　　编：510275　　　传　真：020 - 84036565
网　　址：http://www.zsup.com.cn　　E-mail:zdcbs@ mail. sysu. edu. cn
印 刷 者：佛山市浩文彩色印刷有限公司
规　　格：787mm×1092mm　　1/16　　15 印张　　255 千字
版次印次：2023 年 5 月第 1 版　　2023 年 5 月第 1 次印刷
定　　价：58.00 元

序　言

"八万里路云和月"，作为调研团队的带头人，我带着团队历经2020—2023年三年时间，走访了广东130多个乡镇，用脚感受了广东乡村振兴的苦与乐。目前，我们还在乡村振兴的路上。

本书是广东省普通高校特色新型智库"粤港澳大湾区新兴产业协同发展研究中心"研究团队智慧和汗水的结晶。在此，我向谭学轩、洪迎秀、陈旭东、李星穆、张玉冰、朱海鹏、陈欣、林定浩、苏铭凯、向旭东、李聪、欧阳孝芃等研究人员致以最真诚的感谢，感谢你们一路以来的陪伴。我们元旦冒着严寒去了河源，品尝了紫金蝉茶的上品神韵，体会到了种茶人的艰辛和共同富裕。我们端午节去了韶关，当地领导放弃家庭聚会陪同我们走访乳源的过山瑶、武江的归田园居，领略了翁源的兰花之美；陪同我们走访大雨磅礴中的乐昌小山村，欣赏了云雾中的丹霞村落，又深入考察了南雄的烟稻轮作。我们又去了我的成长之地——清远，再次踏足，感触20世纪90年代扶贫搬迁村落的变化，了解到乡贤对自己家乡的情怀和振兴带动举措，当然也少不了对清远佛冈和源潭等和广州有交通连接优势的村落的城乡融合问题的调研。洪水中的惠州龙门上东村、烈日下的惠东渔业村、团队最喜欢的从化西和鲜花小镇，还有处于广州最北部的"网红村"酒文化特色村——莲麻村，都留下了我们的足迹。2022年7月，我们冒着40℃高温走访了阳江的江城、阳东、阳西、阳春，品尝了恩城粉丝学员的怀旧绿茶叉烧包，品尝了东平镇的螺肉、沙扒镇的凉粉、上洋镇的西瓜、岗美镇的"漠阳味道"。同时，新会陈皮产区、肇庆怀集蔬菜和丝苗米产区、潮州单丛茶产区、汕头澄海狮头鹅产区、云浮罗定肉桂产区、惠州梅菜产区向我们展示了广东乡村振兴的产业力量。

感谢邀请我们或接受调研的地方领导干部和工作人员、村书记和村民、企业家的支持，正是因为有你们，此书才有了有力的支撑资料；也正是因为有你们，我们的乡村振兴才得以行稳致远。感谢中山大学全国干部教育培训基地的学员，正是有了你们的支持，我们高校的学者才能做到产学研无缝对接。

在这三年"百村之路"的调研过程中，我们规划、设计了多项乡村振兴撂荒地激活项目，打造了一批网红农耕研学基地；我们指导学生团队以乡村振兴项目参加广东省"挑战杯"系列竞赛、全国"互联网＋"大学生创新创业大赛等赛事并多次获奖。我亲自参与路演的乡村振兴博士助农项目获得首届中国预制菜创新创业大赛金奖。我们推动的"粤博士助农"平台致力于为农产区和农产品溯源、质量认证、销售品牌等全产业链保驾护航。

最后，感谢广东普通高校特色新兴智库"粤港澳大湾区新兴产业协同发展研究中心"资助出版本书，感谢中山大学出版社编辑、出版本书。

我相信，人生没有白走的路，每一步都值得。中国乡村振兴，路在何方？路，就在脚下！——与同行者共勉之。

陆剑宝
2023 年 6 月

目　　录

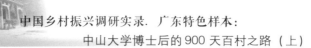

第一章　中国乡村振兴的广东样本

　　每年的中央一号文件都会对"三农"问题进行重要的顶层指引。从"脱贫攻坚"过渡到"乡村振兴"是中国"三农"问题的一个新里程。乡村振兴是习近平总书记于 2017 年 10 月 18 日在党的十九大报告中提出的重要战略。2018 年 1 月 2 日，国务院公布了 2018 年中央一号文件，即《中共中央　国务院关于实施乡村振兴战略的意见》，里面明确了乡村振兴的指导思想，也即 20 字方针：产业兴旺、生态宜居、乡风文明、治理有效、生活富裕。文件要求建立健全城乡融合发展体制机制和政策体系，统筹推进农村经济建设、政治建设、文化建设、社会建设、生态文明建设和党的建设，加快推进乡村治理体系和治理能力现代化，加快推进农业农村现代化。2018 年 3 月 5 日，国务院总理李克强在《政府工作报告》中亦提到要"大力实施乡村振兴战略"。2018 年 9 月，中共中央、国务院印发了《乡村振兴战略规划（2018—2022年）》，并发出通知，要求各地区各部门结合实际认真贯彻落实。时隔三年，2021 年的中央一号文件再一次把"乡村振兴"写在标题上：《中共中央　国务院关于全面推进乡村振兴加快农业农村现代化的意见》，乡村振兴的重要性又上一个新台阶。2021 年 2 月 25 日，国家乡村振兴局正式挂牌成立意味着国家成立了专门的职能部门负责落实执行乡村振兴，随后，省、市、区（县）各级农业农村部门加挂地方乡村振兴局牌子。2022 年，中央一号文件继续以"乡村振兴"入标题：《中共中央国务院关于做好 2022 年全面推进乡村振兴重点工作的意见》，"粮食安全"是这次的中央一号文件的"一号文"，其次"防止规模性返贫"在疫情持续的背景下也被提到重要的高度。由此可见，国家从顶层就相当重视乡村的振兴问题，对乡村振兴的扶持力度也相当给力。然而，我国的"三农"基础"欠账"较多，有些乡村刚实现"脱贫"，距离乡村振兴还路漫漫。

第一，乡村振兴不是单纯的"三农"问题，也不宜采用之前传统的农业政策来指导乡村振兴。

随着农民的迁移、农村的更新和农业的多元化演进，非农策略是实现乡村振兴的关键。农民的城市化程度越来越高，传统农民数量不断减少，职业农民和公司化农业出现；农村人口不断减少，农村人居环境不断改善，乡村休闲和度假成为未来的农村特征；农业的科技化、数字化、生态化、规模化、高效化、市场化、品牌化不断提升我国的农业国际竞争力。因此，单纯用"三农"思维去应对全球大变局中的乡村问题，明显是过时的。

第二，单一农业农村部门和机构，难承"乡村振兴"之重。

乡村振兴由于涉及的领域除了农业农村部门，还涉及自然资源、住房建设、文旅体、商务、科技等部门，是一套"组合拳"，单靠原来的农业农村部门有点"独力难支"。而且，农业农村部门协调其他部门的权力和能力相对不足。一方面，乡村振兴需要党的领导、基层的组织、市场力量的推动和公司层面的落地。这是一套乡村振兴的制度逻辑体系。另一方面，从乡村振兴人力资源方面来说，除了涉农林院校有科研基础优势，其他一些综合型大学的科研和师生力量也可以参与到乡村振兴建设中。因此，应该组成乡村振兴高校联盟，增强地方院校之间支农扶农的信息沟通和合作，避免"单打独斗"。

第三，农村土地不进行"自上而下"的优化改革，乡村振兴很难全面实现。

课题组调研了广东 100 多个村庄，采访了 100 多位市、县、镇、村级领导干部及涉农工商企业家和农户，发现了他们的共同痛点——"乡村振兴的土地问题"。"三块地"改革的推进困难重重；基本农田的产出低下导致农民进城和撂荒地出现；工商资本下乡要么非农化要么调规困难，从而搁置发展规模；乡村基础设施建设触及土地红线导致"篮球场上种玉米"的无奈荒唐；等等，这些都是乡村振兴的现实问题，也是我们各级领导干部要面对的改革事实。

第四，乡村振兴的"外在美"已经完成，下一阶段，如何深挖乡村"内在美"是关键。

经过从"精准扶贫""对口帮扶""易地扶贫搬迁"等解决农村因为资源缺乏而导致的贫困问题，到"乡村振兴专项基金""美丽乡村示范村和风貌带""国家级、省级现代农业产业园""驻镇帮镇扶村""万企兴万村"等一系列乡村振兴工程的推进，我国广大农村发生了翻天覆地的变化。现代的农村真的可以叫作"美丽乡村"：牌坊、村道、污水处理设施、垃圾收集设施、现代厕所、栏杆、外立面、广场、篮球场、党群中心、文化室等设施一应俱全。但是，目前乡村的公共服务如医疗、教育、物流，农民精神生活如文娱活动、节事，农村产业竞争力等都还有很大提升空间。

我国推进的乡村振兴战略中，应有广东的一席之地。广东除了二、三产业引领全国改革开放之先河，在农业农村方面，也要贡献出中国乡村振兴的"广东经验"、"广东样本"和"广东模式"。

第一，乡村振兴是粤港澳大湾区与粤东西北山区城市协同发展的重要抓手。

珠三角和粤东西北协同发展一直是广东省政府领导干部最为关注的问题，但良策不多，并且粤港澳大湾区与粤东西北经济还有进一步拉大差距的迹象。1990 年湾区内地 9 市 GDP 与粤东西北 12 市 GDP 总量的比例是 1.72∶1，2019 年该比例上升到 4.66∶1。再看城市首位和末位对比：2021 年广东省地级市 GDP 第一位为深圳市（30664 亿元），最后一位为云浮市（1138 亿元），深圳市 GDP 是云浮市的 27 倍。江苏省 2021 年地级市 GDP 第一位为苏州市（22718 亿元），最后一位为宿迁市（3719 亿元），苏州市 GDP 是宿迁市的 6 倍。再看浙江省，2021 年 GDP 首位为杭州市（18109 亿元），末位是舟山市（1703 亿元），杭州市 GDP 是舟山市的 10 倍。由此可见，广东的区域不平衡现象比浙江、江苏相似经济大省要更明显。另外，从人口的流动看，2020 年第七次人口普查数据显示，广东 21 个地级市人口净流入的前五位城市（深圳、珠海、广州、中山、佛山）全是湾区城市，人口净流出城市则清一色为粤东西北城市。广东农民大规模往城镇迁移，农村逐渐出现空心化现象，农业从业人数不断减少。乡村振兴是有效协调大湾区与粤东西北山区的路径之一：大湾区大量的资金、项目和人才为乡村供血，粤东西北美丽乡村为湾区城市居民提供优质农产品、乡村旅游产品和乡愁抒发地。

第二,广东的粮食压力大,广东的粮食产区要有所担当和有所作为。

粮食安全在2022年中央一号文中被提到一个全新的高度。2019年广东省粮食产量为1240.8万吨,消费量约达5125万吨;全省净调入粮食量超过3880万吨,缺口超过75%。也就是说,广东七成的粮食要依靠省外调入和进口。如何把饭碗牢牢端稳在自己手中?在粮食种植和生产方面,除了在碎片化地区发展优质品牌大米之外,广东省通过设立南雄、台山、清远、怀集等多个省级大米现代农业产业园保障大米的供应。广东粮食种植的特点是由于湾区内地的乡村和粤东西北到大湾区城市务工的农民较多,撂荒地也有一定的数量储备,只有很好地激活和整合现有的撂荒地,才能大大增加广东粮食种植面积。在粮食储备和流通方面,在东莞、惠州等设立农产品生产供应基地进行粮食储备。广东粮食出现大缺口的原因是农村户籍人口与粮食消费人口之间的大缺口。从人口输出大省(区)河南、四川、广西、江西等地调入粮食作为大湾区粮食储备,需要有一套完整的政策设计。我们也相信,湾区必有很好的"粮策"。

第三,广东发展"三高"农产品很有优势。

乡村振兴带动共同富裕最重要的落脚点还是产业振兴。产业兴旺才能为村集体和村民带来更多的收入来源。乡村的优势在于发展农业,农业在广东的两个发展方向分别是规模化科技化农业和高附加值农业。乡村为城市提供的"菜篮子、肉案子、米袋子、果盘子、花瓶子、茶罐子和药煲子"最终转化为农民的"钱袋子",此为乡村产业振兴的"七子归一"。广东的农业种植面积虽然不大,但农业增加值和附加值都很高。2020年,广东农业增加值在全国排第八位,远高于同是工业大省的江苏和浙江。广东农业增加值高的原因在于广东很多农产品为"精致农产品"或"地理标志产品",具有竞争优势。如清远麻鸡、封开杏花鸡、怀集蔬菜、南雄丝苗米、茂名荔枝、新会陈皮、翁源兰花、化州橘红、凤凰单枞、英德红茶、紫金蝉茶等,都具有国家地理标志的保驾护航或产品附加值较高、产业链较长等特点。清远麻鸡、英德红茶甚至还达到上百亿元的产值。新会陈皮、化州橘红、阳春砂仁等则由于其独特的国家地理标志优势,在全球少有同质性竞争对手,它们要打败的只有它们自己。翁源兰花则细分了花卉产品市场,选择了价值较高的兰花

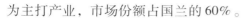

为主打产业，市场份额占国兰的 60%。

第四，广东乡村是破解全国工业化和城市化进程中"城乡二元结构"的试验田。

广东的农村模式在工业化和城市化程度占比较高的情况下显得更为多样。既有寸土寸金完全去农化的城中村，如广州市天河区猎德村和棠下村、海珠区琶洲村、越秀区杨箕村，等等；也有城市边缘的逐渐去农化的城乡融合村，如清远佛冈黎安村、韶关武江下冲村、广州市海珠区小洲村。既有大量纯农业的小山村，也有面积不断缩小的著名农产区；既有粤港澳大湾区内部著名的渔业产区，也有星罗棋布、各种各样的"红色村"；既有易地扶贫搬迁村，也有逐渐冷清的空心村。可以说，中国乡村振兴的类型在广东基本都能找到匹配的样本。其实，并不是所有乡村都需要政府全面支持。如大城市内部和边缘的村落由于承接了中心的"外溢效应"，村集体和村民收入来源更加多样，政府只需要提供一些公共服务即可。粤东西北山区很多边远的乡村要振兴，则要科学分类，不可"一刀切"。让我们做一个大胆的预测：二十年后广东的农村空心化趋势会越来越明显，特别是那些边远山区山村。那么广东乡村振兴的"村村振兴"的"单村发展模式"将不会是一种很好的策略。中心村社区化发展、多村连片发展、圩镇集聚发展会成为乡村发展新模式。中心村社区化发展有利于公共设施和公共服务的提供成本降低，引入更高质量的医疗教育商贸服务。多村连片发展有利于整合碎片化乡村土地，形成规模化农业，减少单村重复建设和各自为政的现象。圩镇集聚发展有利于形成加工业、工业和一、二、三产业融合型企业，也不会重复当年的"村村点火，家家冒烟"的旧路。村民通过汽车、摩托车和公交车往返于乡村和圩镇，既能享受圩镇较为完善的商业配套和公共设施，也能享受乡村的宁静和清新。

（作者：陆剑宝，见本书勒口）

第二章 广东乡村振兴的个性浅析

2021年2月25日，习近平总书记在全国脱贫攻坚总结表彰大会上指出："乡村振兴是实现中华民族伟大复兴的一项重大任务""全面实施乡村振兴战略的深度、广度、难度都不亚于脱贫攻坚"。

"三农"问题一直是国家最为重视的议题。乡村振兴是乡村发展、新农村发展、美丽乡村建设、农业农村现代化的升级版概括。2021年2月25日，国家乡村振兴局在国务院原扶贫办的基础上正式挂牌成立。随后，各省市的地方乡村振兴局纷纷挂牌。我国幅员辽阔，自然资源禀赋差异较大，乡村振兴路径不能千篇一律，应根据各省、市、县、镇、村的"天时、地利、人和"，打造个性化乡村，避免千村一面。广东作为我国的经济第一大省，在二、三产业发展过程中，呈现农村劳动力城市化、乡村部分城市化、城乡融合发育较好、都市农业频出亮点等综合性特征。乡村振兴是广东解决农业农村现代化的重要抓手，也是广东一、二、三产业协同发展的重要抓手，更是粤港澳大湾区城市群内部以及粤东西北协同发展的重要抓手。

广东乡村振兴最为鲜明的个性主要有以下六点：一是高速、高度的城市化发展同化了原有的乡村；二是经济高度发达的大湾区城市群内部仍存在部分都市农业体，但正随着珠三角加速的城市化过程逐步缩小；三是广东与港澳的合作从"前店后厂"的制造业合作发展出一些新兴服务业的"村-城"合作模式；四是粤东西北一些自然条件恶劣的村落通过珠三角发达城市的对口援建，实现整体搬迁和脱贫；五是得益于全国最大规模的华侨华人回乡投资创业，衍生出一批具有"侨资"特色的乡村振兴项目；六是一些农产品质量较好、特色较鲜明的乡村与大湾区城市结成固定的农产品供求关系。现详述之。

一、广东乡村振兴个性一：大都市城中村

"城中村"仅指在经济快速发展、城市化不断推进的过程中，位于

城区边远农村被划入城区，在区域上已经成为城市的一部分，但在土地权属、户籍、行政管理体制上仍然保留着农村模式的村落。珠三角特别是广州、佛山、深圳、东莞、中山等二、三产业大市的城中村现象最为明显，其中以广州城中村最为闻名。"去农化"是这种模式的最大特点。这些城中村通过旧改提升了村民的居住环境和收入水平，在地理和外形上与城市一体化，唯一保留的村落元素是复建的祠堂。有一些村落已经完全城市化，如广州猎德村、琶洲村、杨箕村等旧改成功的城中村；有一些外围村落还保留部分耕地，如广州小洲村、大塘村等。这些大都市的城中村不需要在物质上予以支持，但在精神文明建设上还有振兴的需求。另外，这些城中村也可以成为援建粤东西北贫困村"一对一"的主力。

二、广东乡村振兴个性二：大都市内农产区

从珠三角东岸到西岸沿着珠江口走一圈，不管是工业化程度高的东莞、佛山，还是服务化程度高的广州，都还有大量的都市农业存在。如深圳北部的光明农场，东莞的水乡，广州的从化、南沙，中山的民众，珠海的斗门，佛山的高明、三水，江门的恩平、台山，惠州的龙门、博罗，肇庆的德庆、封开、广宁、怀集，等等，这些大都市内农产区有着地域特色鲜明的岭南农业体系，而它们遇到的问题主要是城市发展和工业服务业发展向农产区要土地。基于单位面积产出的考量，都市内农产区的"失地"现象无可避免，一些具有中国地理标志的农产区面积不断缩小，是相当可惜的。在对江门新会陈皮种植产区的调研中发现，作为中国特有的地理标志，新会陈皮目前面临着房地产挤占传统种植产区和复耕的双层压力，正宗的新会陈皮将"买少见少"。

三、广东乡村振兴个性三：港澳元素村

港澳元素是粤港澳大湾区的重要特色。20世纪80—90年代，港澳地区对珠三角制造业的兴起功不可没，形成了全国仅有的"前店后厂"模式。随着粤港澳三地合作的进一步加紧和全面深化，一些新的合作模式涌现出来。在乡村振兴方面，就有"从化良口镇－香港赛马会养马

基地"的粤港服务业合作项目，实现了香港赛马产业链在粤港两地的空间分工。设于从化的养马基地既解决了香港养马用地受限的问题，也带动了从化当地乡村的种植、饲养、配套服务的就业及农民增收。这也成为湾区乡村振兴的一种思路。

四、广东乡村振兴个性四：珠三角对口扶贫村

20世纪90年代初，《人民日报》刊登《邻近"金三角"的"寒极"》文章，把清远市白湾镇皇宫村这个距离广州仅仅100多千米的贫困村展示在世人面前，并引发各方关注重视。随即，中山市援建的新皇宫村在清远市城郊的太平镇拔地而起，不具备生产条件的皇宫村及周边村落的村民大部分搬离并在新村落户和工作。白湾镇具有特色的喀斯特地貌也得以保护，形成了新的自然生态保护区。在广东，发达地区的城市资本对欠发达地区的乡村援建工作，从政府到企业再到个人一直在持续坚持进行。除了城市对口援建项目，广东一些规模较大的地产企业也对粤东西北的乡村振兴进行了援建。

五、广东乡村振兴个性五：华侨华人支持村

广东是全国华侨华人最多的省份，华侨华人资本对广东乡村振兴的援建为全国之最，从生产条件到校舍房屋，再到公共设施，遍地开花。从20世纪初的华侨回江门开平自力村建成全国最大规模的碉楼群，到李嘉诚之于潮汕、曾宪梓之于梅县、霍英东之于南沙等，这几十年来大量港澳及海外华人对家乡的投资建设项目，对带动当地经济起到积极的作用。

六、广东乡村振兴个性六：大都市"乡愁"供给村

广东的乡村振兴并不是要素的单向流动的过程，而是双向流动的过程。大湾区城市资本持续支持乡村振兴建设，乡村也为粤港澳大湾区城市提供了大量的绿色农产品，保障了城市居民的"菜篮子、肉案子、米袋子、果盘子、花瓶子、茶罐子和药煲子"。"看得见山，望得见水，

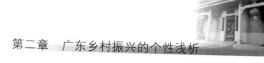

锁得住乡愁", 美丽乡村为粤港澳大湾区城市人营造了"宜居宜业宜游"的理想之地以及"诗和远方"的田园梦。

（作者：陆剑宝，见本书勒口）

第三章 乡村政府治理

第一节 易地扶贫搬迁：搬出地的
活化与迁入地的融合——
清远白湾皇宫村调研实录

2021 年底，我们团队沿着 30 年前人民日报经济部副主任吴长生的足迹再一次探访 1991 年刊登在《人民日报》上轰动一时的《邻近"金三角"的"寒极"》所在地——清远市清新区白湾镇皇宫村（现并入石潭镇）。正是因为这篇文章，让更多人关注粤东西北山区的贫困问题；也正是因为这篇文章，开启了广东易地扶贫搬迁的浩大脱贫工程。如果说 30 年前吴长生无意发现了邻近珠三角的粤北山区的贫困现象，那么 30 年后在清远清新区土生土长的我的再一次探访，更多的是记录易地扶贫搬迁后，搬出地的活化以及村民在新的迁入地的融入情况。如果说 30 年前中国很多地方还像广东粤东西北偏远山区一样处于贫困的边缘，那么 30 年后在中国共产党的英明领导下，持久性的脱贫攻坚已经取得阶段性的胜利，乡村振兴和共同富裕则成为我们新的目标。

一、白湾皇宫村易地搬迁脱贫的背景

"易地搬迁扶贫"是指将生活在缺乏生存条件地区的贫困人口搬迁安置到其他地区，并通过改善安置区的生产生活条件、调整经济结构和拓展增收渠道，帮助搬迁人口逐步脱贫致富。

皇宫村位于清远市清新区（原清新县）白湾镇（现并入石潭镇），虽然距离广州才 100 多千米，但所处均是石灰岩地区，由于自然环境恶劣，生存条件差，素有"九十九山崆，天下之穷处"之称，金、木、水、火、土"五行"皆缺，亦被称为邻近"金三角"的"寒极"。其

实，当时除了皇宫村这个被人民日报记者偶然发现的贫困村外，白湾镇还有很多类似皇宫村这样的贫穷村。根据广东省有关部门1993年的统计，当时全省有20万人没解决温饱问题，清远就占了10万人，而这10万人中绝大部分居住在石灰岩地区。

1990年底，时任人民日报经济部记者吴长生入户调研清远市清新区白湾镇皇宫村，并于1991年初发表了引起各界重视的报道《邻近"金三角"的"寒极"》。时任广东省委书记谢非同志得知报道后非常重视，并立即组织时任清远市委书记和市长商讨出如何彻底解决石灰岩地区村民贫困问题的方案，从而完成了从1993—1998年持续数年的18万石灰岩地区村民易地搬迁脱贫的大迁移壮举。图3.1为白湾皇宫村唯一的"豪宅"——北建小学，黑板墙上还记录着计划生育光荣榜，小学背后就是光秃秃的石灰岩。

图3.1　白湾皇宫村唯一的『豪宅』——北建小学，黑板墙上还记录着计划生育光荣榜，小学背后就是光秃秃的石灰岩

摄影　陆剑宝

在谢非同志的重视下，中山市委、市政府捐资200万元在清远市清新区太平镇建设了皇宫新村。皇宫新村总建筑面积1.52万平方米，共建移民住宅60座，每座建筑面积80平方米。其中，60平方米为钢筋水泥混合结构、20平方米为砖瓦结构，每家配备沼气池，生活设施配套齐全。1995年12月，旧皇宫村迁到太平镇中山皇宫新村，当年有60户373人迁入。到2018年，中山皇宫新村有约100户600人。1995年

前后几年时间内，除了迁移到清远太平镇的中山皇宫新村外，清远地域
范围内出现了多个移民新村，如阳光移民新村、明联瑶族新村、香港陈
廷骅基金会草塘中心村、港澳扶轮瑶族新村、珠海明珠新村、庆忠新
村、世铿新村等。从新村的命名方式可以看出，中国的扶贫攻坚工作在
中国共产党的领导下集结了全社会各界的力量。图3.2为位于清新区太
平镇的"中山皇宫新村"，村口记录了在省市县政府支持下从白湾皇宫
村搬迁到太平镇的历史。

图 3.2　位于清新区太平镇的『中山皇宫新村』，村口记录了在省市县政府支持下从白湾皇宫村搬迁到太平镇的历史

摄影　谭学轩

二、迁出地的活化

1. 迁出地的生态修复和保育

"绿水青山就是金山银山。"白湾镇皇宫村整村搬迁到太平镇中山
皇宫新村后，为保护典型的石灰岩地区生态系统和石灰岩森林植被，
2000 年在白湾石灰岩地区成立了县级自然保护区，2004 年升级为市级
自然保护区，2008 年又升级为省级自然保护区，由此可以看出各级政
府对石灰岩地区生态环境保护的重视。涵盖原有皇宫村等所有石灰岩地
区均被纳入自然保护区范围，占地 7219.1 公顷，生态公益林占林地面
积的 99.4%。其中，Ⅰ级保护动物 2 种，Ⅱ级保护动物 24 种，野生维
管植物 915 种，是国家珍稀濒危野生植物野生任豆群落的重要保护地。

白湾省级自然保护区管理处有16人常驻，其中包括皇宫村一名陈姓员工，管理处还为其妻子提供了后勤就业岗位。陈姓员工除了承担护林工作外，还充当了旧皇宫村祠堂、村委旧址维护以及和皇宫新村后人交流联系的纽带。除此之外，华南农业大学林学院（现林学与风景园林学院）常年派驻专家和硕士研究生在自然保护区内进行科研和公益种植活动，不断丰富石灰岩地区的植被种类和拓宽植被面积。图3.3为皇宫村所在地的连片石灰岩地区，在一代又一代林业工人和林业科研人员的努力下，成为省级自然保护区。图3.4为白湾石灰岩自然保护区，一代又一代"造绿者"在石灰岩中种出"绿水青山"。

图3.3　皇宫村所在地的连片石灰岩地区，在一代又一代林业工人和林业科研人员的努力下，成为省级自然保护区
摄影　陆剑宝

图3.4　白湾石灰岩自然保护区，一代又一代"造绿者"在石灰岩中种出"绿水青山"
摄影　陆剑宝

2. 迁出地的生态教育和品德教育

由于进入皇宫村的山路狭窄，同时为了保育之需，白湾省级自然保护区并没有利用丰富的动植物资源和石灰岩地貌发展旅游业，使得自然保护区生态环境完全没有受到人为的污染或破坏。在皇宫村原来的村口，采用石灰岩原石雕刻出"生态教育径"，提醒进入者要保护生态。有些骑行或徒步爱好者进入生态保护区，也有护林工人和提示牌做出"切勿破坏生态"的提示。为忆苦思甜，在石灰岩上雕刻的"生态教育径"，时刻告诉人们"绿水青山就是金山银山"（见图3.5）。

图3.5 为忆苦思甜，在石灰岩上雕刻的"生态教育径"，时刻告诉人们"绿水青山就是金山银山"
摄影 陆剑宝

当地通过在白湾镇和皇宫村两次设立生态教育基地，吸引清远青少年到基地进行科普教育和研学。同时，通过展览馆的形式展示了白湾石灰岩地区的动植物种类及保护历程，吸引领导干部到此进行红色研学，以对脱贫攻坚和生态保护有更直观的认识。

建立华南农业大学、广州大学等大学生实践基地，利用高校科研工作队伍力量，既在生态保育、林木栽种和水土保护等方面进行技术提升，也在保护区管理和研学教育上发挥大学生的聪明才智。这些大学生利用科研项目的机会或寒暑假的时间在林业基地驻扎，切实推进石灰岩地区的生态保护工作。

每年清明或其他重要节日，皇宫村迁出的村民都会带领自己的后代回到土生土长的旧村，由长辈讲述往昔艰难岁月，对青少年更加珍惜生活有较好的教育意义。皇宫村除了新建的祠堂增强了村民及其后代的归属感之外，还保留了旧时的小学、经济合作社和一些断墙，成为村民寄托乡愁的重要载体。

3. 迁出地的经济激活

除了对皇宫村及附近几个村落所在的石灰岩地区进行整体保育之外，一些白湾镇皇宫村村民还在土质较多的石灰岩中种植了大量的清远特色农产品——冰糖橘。我们调研皇宫村的时候刚好是冰糖橘成熟的时节，这些冰糖橘在一道道石灰岩缝中坚强地生长，把整个石灰岩地区装扮得更加靓丽。白湾石灰岩地区的冰糖橘种植面积 750 多亩① （约 50 万平方米），都是由附近回乡创业的村民承包山地进行栽种。他们直接在路边搭棚进行种植维护和采摘分拣，直接销往清远市区。我们现场购买了 2.5 千克冰糖橘，总共只需 10 元，比市面上的冰糖橘便宜很多，而且冰糖橘水分很足、甘甜，应该是土质和生长气候适宜的原因。这些种植户雇佣当地村民采摘和分拣，每天 100 ~ 150 元工资。种植户每年的收入可达 6 万元至 10 万元。利用技术成熟的当地农产品大规模种植，白湾镇皇宫村村民在环境恶劣的石灰岩地区种出甘甜的果实，活化了扶贫搬出地闲置的经济价值。图 3.6 为在石灰岩缝中坚强生长的"摇钱树"——冰糖橘，特别清甜，已经成为南国冬日石灰岩中一道靓丽的风景线。

图 3.6 在石灰岩缝中坚强生长的"摇钱树"——冰糖橘，特别清甜，已经成为南国冬日石灰岩中一道靓丽的风景线

摄影 陆剑宝

---

① 1 亩≈666.67 平方米。

三、迁入地的融入

1. 迁入初期——过渡期

中山市帮扶 200 万元在清新区太平镇建设 60 座一层的 80 平方米的平房，之后有经济能力的村民可以继续加盖。广东省委、省政府对这一宏大的扶贫工程给予了充分的肯定和大力的支持，决定每迁移一户，由广东省政府补助 5000 元。田地由清新区太平镇龙湾村"均"出，皇宫新村每人 5 分水田，作为口粮生产之用。一开始有些老人家不愿意搬出来，到后来"两边跑"，再到现在基本很少回去，就清明和过年回去祭拜一下。白湾皇宫村村民在政府和帮扶机构的支持下进行了易地搬迁，从不适应到逐渐适应新的家园。图 3.7 为由时任广东省委书记谢非同志题字的清新区太平镇"中山皇宫新村"牌坊。

图 3.7　由时任广东省委书记谢非同志题字的清新区太平镇『中山皇宫新村』牌坊

摄影　谭学轩

2. 迁入中期——适应期

迁入太平皇宫新村之后，由于清远西部平原的种植环境和白湾石灰岩地区的种植环境不一样，附近的村书记和原住村民会指导皇宫村村民用水牛耕田、播种水稻等技巧，使得皇宫村村民的基本"米袋子"和"菜篮子"得以保障。2000 年后，随着皇宫新村附近太平镇制造业的兴

起，很多皇宫新村的年轻人到大型制鞋厂打工，收入远远高于在家务农。2010年前后，皇宫新村村民开始在原来一层房的基础上加盖成两层小楼，家家户户大家电、摩托车乃至小汽车逐渐出现。除了到附近工厂就业，一些年轻人还纷纷到清远市区和珠三角地区就业，极大地提升了家庭经济收入。2018年，中山皇宫新村还自筹资金30多万元，整村实施美丽乡村示范村建设，村容村貌大为改观。在搬迁到皇宫新村20周年之际，皇宫新村举办了首届"皇宫村兄弟姐妹联谊会"，加深了乡亲之间的感情和凝聚力，更有助于乡村振兴发展。

3. 迁入后期——融入期

2021年，笔者调研团队再一次走入位于清新区太平镇的"中山皇宫新村"进行入户访谈。如今的皇宫新村与一般社会主义新农村已经没有太大的差异，可以说已经完全融入当地。一些原来的低保户通过家人在外创业建设了四五层的房子；一些相对贫困户的儿女长大后也在城里工作，生计不愁。一些村民还保留着吃玉米糊的习惯，一些村民家像其他村落的村民一样只有老人和小孩留守。一些村民已经举家搬迁到清远市区或珠三角，一些村民会在周六、周日携妻儿回村与父老乡亲团聚。无论如何，村里上了年纪的老人可能再也不能或者再也不想回到曾经的"寒极"——白湾皇宫村，他们已经适应了太平皇宫新村这片新的热土，而他们的子孙后代也可能离开皇宫新村，继续寻找他乡的故事。图3.8为中山皇宫新村村民生活"更上一层楼"，在原来一层楼房的基础上加盖出美好的未来。

图3.8 中山皇宫新村村民生活"更上一层楼"，在原来一层楼房的基础上加盖出美好的未来

摄影 陆剑宝

脱贫攻坚是一场硬仗，从中国共产党的英明领导，到各级政府的持续组织，到村干部和宗族的团结，到社会民间力量的广泛参与，到工商企业的投资和帮扶，贫困地区通过当地经济活化或人口迁移，实现了脱贫。这是一条"无穷之路"，不管道路多么曲折和艰辛，也阻止不了人民对美好生活的向往和追求。

（作者：陆剑宝，见本书勒口。谭学轩，广东省普通高校特色新型智库"粤港澳大湾区新兴产业协同发展研究中心"研究人员）

第二节　打好乡村共同富裕"组合拳"
——河源市紫金县调研实录

乡村振兴的最终目的是实现共同富裕。习近平总书记指出："共同富裕是社会主义的本质要求，是中国式现代化的重要特征。"我们要营造合心合力、同向同行的良好氛围，不断做大"蛋糕"的同时分好"蛋糕"，让共同富裕的底色更亮更足。课题组通过对紫金县典型性乡村振兴项目的实地调研，总结出了紫金县乡村振兴建设成绩斐然的核心原因。

一、现状：脱贫攻坚，成绩显著，但仍在路上

紫金县原是全国的贫困县。在粤港澳大湾区建设背景下，紫金县主动"融湾"，加强与惠州、东莞和深圳的对接，聚焦市委"'三农'工作走在全省最前列"的目标，脱贫攻坚成果得到巩固提升。全县 7040 户 20743 人建档立卡贫困对象全部脱贫，年人均可支配收入达 1.5 万元，54 个相对贫困村全部出列。通过"三清三拆三整治"扫尾攻坚行动深入开展，美丽乡村建设成效显著。

由于区位优势不明显、交通基础设施不完善和传统经济底子薄弱等因素的制约，紫金县乡村振兴工作力度仍需不断加强。在生态建设方面，农村人居环境整治压力较大，基层组织和村民自治等管治基础较薄

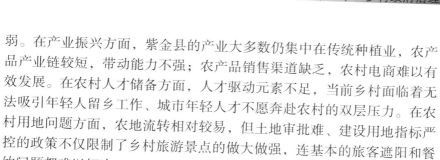

弱。在产业振兴方面，紫金县的产业大多数仍集中在传统种植业，农产品产业链较短，带动能力不强；农产品销售渠道缺乏，农村电商难以有效发展。在农村人才储备方面，人才驱动元素不足，当前乡村面临着无法吸引年轻人留乡工作、城市年轻人才不愿奔赴农村的双层压力。在农村用地问题方面，农地流转相对较易，但土地审批难、建设用地指标严控的政策不仅限制了乡村旅游景点的做大做强，连基本的旅客遮阳和餐饮问题都难以解决。

二、措施：五套"组合拳"助力共同富裕

第一拳——政府的精准扶持

不遗余力"做宽做长、做大做强"地方优势产业。紫金茶产业是紫金基础最好、发展最成熟、品牌最知名的龙头产业。紫金县委、县政府从上而下达成共识，精准扶持，全力支持紫金茶产业发展。《紫金县加快茶产业发展实施方案（2022—2025）》开始实施推广相应的奖励政策——"在适种区域，在当地农民专业合作社的指导下，遵循与周边茶园形成集中连片的原则，按茶树种植技术规程指引。于2022年1月之后，连片新种植金萱、青心大冇、青心乌龙、金牡丹、瑞香、单枞等优质紫金茶品种面积5亩（约3333.35平方米）以上的，验收合格后可享受补助1000元/亩"。另外，对生产线器械的建设使用亦提供相应补贴。村民们想要开发任何与乡村振兴相关的产业，比如茶产业，县政府提供贴息三年、到期还本的扶持措施。紫金县拟规划建茶叶交易市场，规模占地1000～2000平方米，用于开展茶叶交易、拍卖和期货等项目，致力于在广东茶叶市场中打造出属于紫金的名茶品牌。紫金县茶协还在逐步推进制定茶叶种植、采摘、制茶、炒茶等一系列标准，做好统一紫金茶品质的规范工作。在紫金县委、县政府的精准推动下，截至2021年底紫金县全县茶产业规模超过6万亩（约4000万平方米），产值超过12亿元，直接带动103个乡村的农户创收。只有乡村产业兴旺，才能切实扩大受惠群众面，才能逐步走向共同富裕。紫金茶产业在县政府的大力支持下，规模和实力不断壮大（见图3.9）。

图 3.9　紫金茶产业在县政府的大力支持下，规模和实力不断壮大

摄影　陆剑宝

　　第二拳——乡贤的大爱示范。

　　乡贤集"资本（资金、知识和人脉）、阅历和乡情"于一身，将是乡村振兴中最可能成功的一股力量。黄东灵是紫金县龙窝镇彭坊村承龙嶂茶企的负责人，曾担任中小企业局局长的他，退休后带着"资本、阅历、乡情"回村种植紫金茶。1997 年他带动彭坊村几户村民一起种植茶叶，为农民提供肥料、茶苗和技术指导并包回收。刚开始只有一两百亩，没有多少村民愿意种；到 2004 年，跟种的几户村民年收入几万元，吸引到周边更多农户纷纷加入种植。黄东灵说："如果农户卖出的茶叶价格比我们公司的收购价高，农户就自己销售；如果农户卖出的茶叶价格低于我们公司的收购价，我们会收购他们的茶叶。……我的目标就是希望农户们自己发展起来，大家一起致富。"黄东灵在茶企的经营中不惜重本地为农民致富铺路，在这位心存大爱的乡贤的带领下，彭坊村大量村民参与紫金茶种植，家庭收入逐年提高。图 3.10 中，智库中心团队与龙窝镇彭坊村乡贤、茶业带头人黄东灵交流，窗外是南国冬日下依旧郁郁葱葱的茶园。

　　第三拳——龙头的品牌带动。

　　工商资本下乡是乡村振兴的另一股重要力量，只要引导和监管得当，将对农村产业起到很好的龙头带动作用。位于紫金县紫城镇的客茶谷在原来广东农业扶贫基地的基础上，由著名茶企"斗记"接手并做大做强。"斗记"茶业充分发挥农业龙头作用，通过"企业＋合作基地

图3.10　智库中心团队与龙窝镇彭坊村乡贤、茶业带头人黄东灵交流，窗外是南国冬日下依旧郁郁葱葱的茶园

摄影　谭学轩

+农户+农村微改造"的"一、二、三产业融合+产村融合"模式，除了发挥紫城镇茶企龙头示范作用、解决周边村民就业外，还通过旅游业务发展对周边村落进行道路和"三旧"改造，减轻地方政府在村容村貌整治上的投入。位于紫金县九和镇的一圆中药材有限公司在原来广东省交通厅的扶贫项目上接手，大力发展南药种植加工，通过土地流转和劳动力雇佣使得贫困村每年可享受保底收益；同时，向附近村民大量收购"牛大力、五指毛桃、土茯苓"等中药材，为村民提供更多的收入途径。位于紫金县九和镇金光村的南药种植基地，原是广东省交通运输厅的扶贫基地，现在由河源当地一家中药材公司负责开发运营（见图3.11）。

图3.11　位于紫金县九和镇金光村的南药种植基地，原是广东省交通运输厅的扶贫基地，现在由河源当地一家中药材公司负责开发运营

摄影　陆剑宝

第四拳——土地的边际收益。

农村土地单纯从事种植，农民很难实现高营收。但是，通过土地流转和调规、高附加值的农产品开发以及农业与二、三产业融合三条路径，农村土地的边际收益将大大提高。无论是龙窝镇的承龙嶂、紫城镇的客茶谷，还是九和镇的南药种植扶贫产业示范基地，都探索了农民土地入股和土地出租等多元化土地收益模式。第一种模式是紧密型——通过农户土地入股、资金入股分红等利益联结机制（如扶贫资金入股、土地入股等）。第二种模式是松散型——建立茶青收购点（如签订收购合同、免费技术指导等）。第三种模式是辐射型——农民通过土地出租，在园区劳务获得报酬等。截至 2020 年 11 月，紫金县统筹资金和吸收"以奖代补"等入股资金 5231 多万元，帮扶 30 个贫困村，共计 1781 个贫困户，累计发放分红款 689 万元。释放闲置或低效能的土地，让农户就业、入股贫困户获得更高的收益，让"农民"变"股民"，将"输血"变"造血"。

第五拳——村民的奋斗自觉。

乡村振兴最关键的还得依靠村民的自觉。由于受交通区位偏远、知识水平不高和社会资本较少等因素限制，一般村民缺乏在地化的谋生机会或创业资本，从而导致大量农村人口迁移到城市，造成农村衰败。与之比照，紫金县南岭镇庄田村树立了一个乡村振兴的最佳典范。南岭镇位于紫金最偏远的山区，与汕尾的贫困县陆河县、梅州的贫困县五华县相邻，可谓"同命相连"。庄田村户籍人口 4195 人，最低谷的时候常住人口只有 1000 多人，现常住人口 2400 多人，每年都有回流务农的村民，采茶的流动人口达到 600 多人，还有部分来自周边和粤港澳大湾区的采购商和游客。与别的富裕乡村拥有优越的区位条件不同的是，庄田村远离县城、市区和大湾区，区位条件很差，但村里的紫金茶产业带动了村民的全民创业参与。与一些乡村依靠龙头企业带动村民就业最大的区别是，庄田村 512 户在家有劳农户中，约有 480 户种植茶叶，基本形成家家户户屋前屋后种茶的景象。2020 年，村民年人均收入高达 24500 元。生活水平提高后，村民集体出资进行了村庄美化，乡村人居环境也得到了有效的整治和改善。庄田村大部分村民通过奋斗自觉，实现了"乡村美、产业强、农民富"的乡村振兴目标。

通过对河源市紫金县主导农产业的调研，我们发现：乡村迈上共同

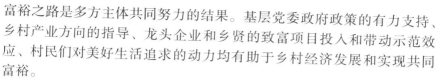

富裕之路是多方主体共同努力的结果。基层党委政府政策的有力支持、乡村产业方向的指导、龙头企业和乡贤的致富项目投入和带动示范效应、村民们对美好生活追求的动力均有助于乡村经济发展和实现共同富裕。

另一篇后续的紫金县乡村振兴调研报告，我们把目光聚焦于乡村旅游主题，探讨如何通过多村联盟，做大做强乡村游，提升乡村知名度，吸引更多粤港澳大湾区城市游客和城市资本下乡，从而拓宽村民的收入来源。

（作者：陆剑宝，见本书勒口。郑裕庭，河源市紫金县副县长。谭学轩，广东省普通高校特色新型智库"粤港澳大湾区新兴产业协同发展研究中心"研究人员）

第三节　破解乡村振兴的精神文明密码
——清远佛冈潖江村的实地调研

如果说贫困乡村的脱贫工作更多是物质上的脱贫，那么乡村振兴中的乡风文明建设就要求村民从"物质文明"走向"精神文明"。乡村振兴离不开乡风文明的助推、精神文明的涵育以及生态文明的夯实。本次调研团队走进广东唯一一个城乡融合示范区——广清接合片区的清远市佛冈县汤塘镇潖江村，深掘村落的文明密码。

潖江村位于广东省清远市佛冈县汤塘镇东部，总面积 21.7 平方千米，下辖 8 个自然村、29 个村民小组，党员 100 多人。潖江村先后多次被评为县、镇先进党支部和先进基层党组织、安居工程示范和新农村建设示范村等。2010 年，潖江村已成为新农村建设示范村，29 个自然村成功创建整洁村；2012 年，建成 7 个乡村公园；2021 年，获得"全国文明村"荣誉称号，成为佛冈县第一条"全国文明村"。图 3.12 为干净整洁的潖江村。潖江村在汤塘镇党委政府的大力支持下，建立"全国文明村"（见图 3.13）。

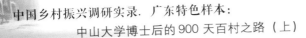

图 3.12　干净整洁的涩江村
摄影　陈欣

图 3.13　涩江村在汤塘镇党委政府的大力支持下，建立『全国文明村』
摄影　陈欣

　　初入涩江村，映入眼帘的便是一排排规划整齐的农家房屋，一条条有序整洁的村道巷道、干净清澈的河道沟渠。家家户户都有自己的小菜园、小果园、小花园，不同于一般的门前小院，这些小园儿都是村民们利用废弃砖瓦堆砌而成的，各有特色，令人赏心悦目。"河水清了，路面干净了，美丽乡村近在眼前，小康生活就在身边。"这大概就是对文明涩江村最贴切的描述了。这洁净的景象让人很难想象，涩江村曾经是自留地种植杂乱、违章鸡鸭棚遍布、污水横流的脏乱差的乡村。那么，涩江村是如何使村前村后环境实现从"脏乱差"到"洁净美"华丽转身的呢？

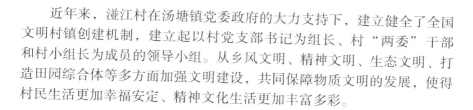

近年来，滃江村在汤塘镇党委政府的大力支持下，建立健全了全国文明村镇创建机制，建立起以村党支部书记为组长、村"两委"干部和村小组长为成员的领导小组。从乡风文明、精神文明、生态文明、打造田园综合体等多方面加强文明建设，共同保障物质文明的发展，使得村民生活更加幸福安定、精神文化生活更加丰富多彩。

一、基层党组织的引领作用

滃江村在创建全国文明村的过程中，充分发挥党建引领作用，加强滃江村制度建设、队伍建设和基层作风建设。党员干部在滃江村乡村振兴道路上发挥着先锋模范作用——带头进行人居环境的整治、带头进行土地流转；发动家人、亲属和邻居配合乡村振兴的各项工作，动员村民一起对"钉子户"进行"拔钉"；主动带动村民种植大豆和加工腐竹，增加村民的收入等。滃江村发挥党组织作用、践行文明实践，成立了8个党员宣讲小组，在各自然村文化室开展了10多场"大榕树下的小讲堂"，通过党员宣讲小组引导教育，让村民一同学习领会习近平新时代中国特色社会主义思想，提升村民整体思想道德素质。滃江村党员干部的"精神文明之花"挂满枝头（见图3.14）。

图3.14　滃江村党员干部的"精神文明之花"挂满枝头

摄影　洪迎秀

二、乡风文明的建设

大部分乡村在乡村振兴实践中都需要直面村落凋敝、田园荒芜、乡风式微的客观事实。乡风是乡村居民在长期共同生活环境下所形成的约定俗成的道德风俗，是乡村社会的灵魂所在。浰江村通过不断修订完善村规民约，成立"四会"组织，深化移风易俗，通过文明家庭评选、垃圾分类宣传、法治宣传进村、村篮球赛等活动丰富村民生活。喜逢端午、中秋等传统节日时，开展"助老扶幼""邻里守望"等志愿服务活动，关心关爱村里的留守儿童和孤寡老人。浰江村新时代文明实践站加强组织策划，开展文明实践活动，以活动带动群众，以文化凝聚人心，以行动传递文明，推动乡村文化振兴。浰江村民风淳朴、村民团结互助，对于美丽乡村建设、人居环境整治热情高涨。在建设文明乡村的过程中，村民或无偿提供土地，或捐钱出力，开展"最美家庭""身边好人"等评选活动，宣传社会主义核心价值观，设立 8 个"善行义举榜"，宣传村里的好人好事，强化村民榜样引领作用。以乡风文明教化村民走向精神富裕，优秀的乡土文化使村民能够正确地看待、运用和创造财富，为地区经济建设提供强大助力。

三、生态文明的塑造：打造生态田园旅游综合体等美丽乡村载体

浰江村从完善村庄规划、提升环境水平、改善村容村貌等方面着力建设乡村生态文明，共同建设美丽宜居、文明和谐浰江村。在《清远市佛冈县汤塘镇浰江村村庄规划（2019—2035 年）》中明确道路硬底化、河岸整治、垃圾收集、污水处理设施等基础设施建设标准，配齐文化室、篮球场、停车场、小公园等。

1. 农村环境综合治理不断加强

浰江村 2021 年底全面完成全域自然村"三清三拆三整治"任务，村庄保洁覆盖面和垃圾处理率达 100%；通过开展人居环境整治，整治乱搭乱建、乱堆乱放，开展"厕所革命"，将村内居民厕所 100% 纳入改造；建立村庄保洁机制，完善垃圾收运处置体系。2022 年全镇村生

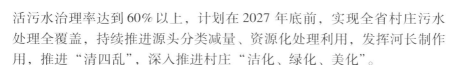

活污水治理率达到60%以上，计划在2027年底前，实现全省村庄污水处理全覆盖，持续推进源头分类减量、资源化处理利用，发挥河长制作用，推进"清四乱"，深入推进村庄"洁化、绿化、美化"。

2. 农房管控和乡村风貌提升持续推进

深化推进清远市"美丽乡村2025"行动计划，强化农房规划选址、用地管理和风貌风格管控，继续推进农村危险破旧泥砖房、削坡建房风险点整治及"两违"建筑整治清拆。滢江村计划2025年底前，基本完成农村旧房整治，基本实现农村住房外观整洁、建设有序、管理规范，深化"千村示范、万村整治"行动；使80%以上行政村达到美丽宜居村标准，连片连线建设美丽乡村，打造美丽乡村风貌带，深入开展"四小园"和美丽庭院示范创建，加强传统建（构）筑构件和村落整体风貌保护。在稳拿"基础分"的情况下，滢江村努力创造评选文明村的"附加分"。

3. 打造生态田园旅游综合体等美丽乡村载体

滢江村引入"猫土公社"农业公司，规划打造生态田园旅游综合体，立项范围7500亩（约500万平方米），其中农业种植整合区域约800亩（约53.33万平方米），目前200亩（约13.33万平方米）已种植辣椒、菜心等农作物。打造与广佛（佛冈）产业园融合的一个示范点。"猫土公社"依托滢江村得天独厚的山水生态优势、交通区域优势和自然资源禀赋，结合当地景区文化景观、生态环境、农耕文化及中国传统的生活习俗资源，向游客提供一个自在、自然、幽静、野趣、新奇的悠闲度假场所。滢江村引入企业，打造生态田园旅游综合体（见图3.15）。

图3.15　滢江村引入企业，打造生态田园旅游综合体

摄影　陈欣

4. 乡村振兴，既要塑形，也要铸魂

如今的涝江村，以文明滋养广袤乡村，以乡风文明、精神文明、生态文明保障物质文明，实现了村貌之变、乡风之变，处处展现文明乡村的文明密码。不但富裕了村民的口袋，更富裕了村民的脑袋，让涝江村村民实现精神文明追求，以产业兴旺、乡风文明、生态宜居、治理有效、共同富裕为导向，努力打造广东乡村振兴的样板之路。

（作者：洪迎秀，广东省普通高校特色新型智库"粤港澳大湾区新兴产业协同发展研究中心"研究人员、办公室主任。陆剑宝，见本书勒口。陈欣，广东省普通高校特色新型智库"粤港澳大湾区新兴产业协同发展研究中心"研究人员）

第四节　乡村振兴战略"20字"方针的综合样本——肇庆高要大田塱村实地调研

"产业兴旺、生态宜居、乡风文明、治理有效、生活富裕"是我国乡村振兴的总要求。乡村振兴全面实施后，广东很多乡村进行了有效的整治，焕发出全新的姿彩。发展乡村特色产业，践行"绿水青山"的乡村生态观，提升村民的素质和精神文明，强化党领导的基层工作成效，从而实现提升村民生活水平达到共同富裕的目标。基于此，我们抽取了在这五个方面都做得相对有特色的高要区大田塱村，作为我们的主题调研对象。

大田塱村位于粤港澳大湾区城市——肇庆市高要区回龙镇东北部，西江中下游，区位优势明显。省道 S272 经过大田塱村村路口，大田塱村距江肇高速回龙出入口约 6 千米，距广州 90 千米，与佛山相连，距

香港 138 海里① （约 255.58 千米）。村域面积 5.4 平方千米，有连片耕地约 800 亩 （约 53.33 万平方米），鱼塘约 1500 亩 （约 100 万平方米），林地约 3500 亩 （约 233.33 万平方米）。截至 2020 年底，大田塱村有户籍人口 1488 人，主要由夏氏、蔡氏、苏氏、温氏各姓祖宗迁移聚居发展而形成。其中，华侨华人约 500 人，主要分布在澳大利亚、美国、马来西亚、新西兰、巴西、智利等国家，有港澳台同胞约 80 人。令村民引以为豪的是，大田塱村既是全国文明村又是广东省乡村治理示范村。"半亩方塘一鉴开"，大田塱村委会门前的三月睡莲吐新芽，与美丽的村屋相映成趣 （见图 3.16）。

图3.16 "半亩方塘一鉴开"，大田塱村委会门前的三月睡莲吐新芽，与美丽的村屋相映成趣

摄影 洪迎秀

一、产业兴旺：业态丰富，创业来源多样

产业兴旺是乡村振兴的重要基础。要解决留守农民的收入问题，需要有在地化的产业的带动。当乡村产业收益大于城市务工收益时，才会吸引外出人员回流乡村。大田塱村人气很旺的原因在于村里产业业态丰富，提供多样化的创业选择，包括种植、养殖、餐饮、文旅等。

1. 养殖业多样化

政府大力支持村内养殖业的发展。鱼塘水产养殖、黑鬃鹅养殖、山羊养殖及肉鸽养殖蓬勃发展，特别是肉鸽养殖业。村内建立了 5 个农民专业合作社，其中有两个肉鸽养殖专业合作社 （存栏 8 万多只），规模

---

① 1 海里 = 1.852 千米。

养殖已经有 16 年多; 其中 2021 年新建的锦冠肉鸽养殖基地, 租了 50 多亩 (约 3.33 万平方米) 山地, 建成多个大棚, 进入规模生产。以较高的标准来进行建设, 投产后实施规范化和标准化养殖, 以保证肉鸽的品质和产品的安全。养殖的种鸽, 吃的都是由玉米、高粱、豌豆、小麦等粮食组合而成的饲料。如今, 该公司养殖的肉鸽, 年产量达到 100 多万羽。回龙镇委镇政府提出创建特色农产品 "回龙肉鸽", 并以高标准要求, 以最实际的行动全力支持农业的产业发展, 全力创建特色农产品 "回龙肉鸽", 全面建设和推广应用 "回龙肉鸽养殖标准体系"。从养殖环境、育种繁殖、科学喂养、防疫检疫、环境保护等方面实现全方位的标准化管理, 提升回龙镇鸽业的核心竞争力, 实现肉鸽产业发展提质增效。村内 70 多户种养专业户都是以年轻人为主。图 3.17 为大田塱村的村办企业——回龙肉鸽厂。

图 3.17 大田塱村的村办企业——回龙肉鸽厂 摄影 陆剑宝

2. 特色餐饮吸引周边食客

大田塱村内有肇庆市四星级农家乐特色餐饮——大田塱鸽庄 (锦昌鸽庄酒楼), 主营各种鸽子美味佳肴: 养生药膳鸽、红烧乳鸽、盐焗手撕鸽、白切鸽、沙姜鸽、凉拌中鸽、卤水鸽、生咖中鸽、煎焗鸽、清香中鸽焗饭和绿豆煲老鸽汤等, 到餐厅吃饭的游客络绎不绝, 为当地村民提供了多种就业岗位。

3. 上市公司观光项目提档

村内有上市公司广东棕榈生态城镇股份公司属下企业——肇庆棕榈

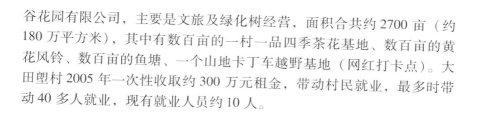

谷花园有限公司，主要是文旅及绿化树经营，面积合共约 2700 亩（约 180 万平方米），其中有数百亩的一村一品四季茶花基地、数百亩的黄花风铃、数百亩的鱼塘、一个山地卡丁车越野基地（网红打卡点）。大田塱村 2005 年一次性收取约 300 万元租金，带动村民就业，最多时带动 40 多人就业，现有就业人员约 10 人。

二、生态宜居，村落人居环境综合治理

环境整治是为了保证农民有一个温馨美丽的家园。整治环境要求完善基础设施建设，保护生态系统，治理环境污染。大田塱村在政府的指导、村委干部的带领下，通过财政拨款和村民集体筹资，建设乡村道路、集市、运动场所、公共场所、排污、"四小园"，老中青建筑分块管理。党支部和村委会投入了很多资金，对村中的污泥、乱建乱拆进行整治，建成了整齐的水泥路和沥青路，如今的大田塱村村貌整洁干净。大田塱村在党员的带领下，以人居环境整治为突破口，为村民提供了美丽、干净的居住环境。政府投入大量资金对村内基础设施进行升级改造，对河道进行加固、清淤疏通。其中，共投入 150 万元开展人居环境整治、投入 200 万元建设村内硬底化道路和巷道、投入 240 多万元创建广东省卫生村、投入 70 多万元完成了村内自来水管网升级改造等一批基础设施和民生工程。如今的大田塱村目之所及皆美景。图 3.18 为大力整治环境污染，进行污水处理。

图 3.18 大力整治环境污染，进行污水处理 摄影 洪迎秀

三、乡风文明，保证村民的精神富足

大田塱村以建设和谐新农村为目标。村内建设新时代文明实践站，宣传奉献爱心、以诚相待、敬爱相待、和谐相处、教扶小孩、恩爱相伴。村民遵守公德，团结友爱。以《村规民约》为指导，宣传遵守社会公德、家庭美德，积极参与乡风文明建设，帮助邻里老人与小孩。村民自觉爱护公共卫生，不乱扔垃圾，维护村庄干净整洁，保持兴业安居村和谐。村民勤劳致富改变自己的生活，遵纪守法。大田塱村积极参与"最美人物""身边好人好事""最美家庭""星级文明户"等评选活动。大田塱村还依托"妇女之家"，设立"好家风好家训"和"村规民约"宣传栏、"最美家庭"光荣榜，使广大农村家庭发现、学习身边的榜样。2021 年，大田塱村开展精神文明建设活动 18 场，入户派发宣传手册 2000 份，受众人数超过 600 人。大田塱村党员带头关心关怀贫困弱势群体，每到重大节日都为他们发放慰问金和慰问品。截至 2020 年，村里出资为村民购买城乡居民医保合计 10 万元，发放耕地补贴、村民生病住院慰问金、村民抚恤金等约 60 万元。在红白喜事方面，提倡不搞铺张浪费、不搞礼金攀比、不搞高额彩礼、不搞跟风宴请，以优良的党风引领村风民风。

四、治理有效，充分发挥基层党组织引领作用

大田塱村的乡村振兴建设以党建为引领，积极发挥党支部的战斗堡垒作用。以优良的党风引领村风民风。在夏冠新书记、刘翠珍副支书、夏创业副主任、苏居方和夏志峰支委（村"两委"干部）的带领下，完善基础设施建设，整治人居环境，进行污水处理，发展鱼塘、黑鬃鹅、肉鸽等养殖产业。村书记是省人大代表，有知识、有才能、有胆量，并有一定的经济基础，带领大家一起创业，与村民打成一片，受村民爱戴，村民积极支持村委工作的开展。整治外立面，大田塱村外立面都涂上了黄色的美丽图案，沥青道路干净整洁，为村民设置了乘凉、休息、聊天的地方：初心亭、感恩亭，建成了方便村民买菜的农贸市场。图 3.19 为大田塱村以和谐新农村为目标，村民友好相处。闲暇的下午，

村里一片欢声笑语，村民过着幸福而安详的生活。

图3.19　大田塱村以和谐新农村为目标，村民友好相处。闲暇的下午，村里一片欢声笑语，村民过着幸福而安详的生活

摄影　洪迎秀

基层党组织积极开展撂荒地规模化种植和城市认领。党员干部带头推进撂荒耕地复耕复垦工作，大田塱村创新性地推出"认耕认种"模式，通过党员带头，种植10多亩（约6666.7平方米）玉米、约30亩（约2万平方米）水稻。面向社会团体、单位、企业等开展认耕"一分田"活动，带动乡村经济增长，推进乡村振兴。"认耕认种"模式采取"合作社＋农户"模式，将55.25亩（约3.68万平方米）撂荒地按照"一分田"的标准分成多块"小耕地"，并以每年每亩1000元的价格发包给专业种植合作社打理，期限为6～36个月。认耕者可以自行耕耘，体验农耕生活，享受田园耕作乐趣；也可以当"甩手掌柜"，从选种、耕种、田间管理到收成，全部委托合作社打理。

五、生活富裕，"输血"与"造血"并举

大田塱村在进行乡村振兴建设过程中，收入增加。有村民外出创业补贴亲人，外出创业有所成就之后捐资建设乡村，部分年轻人返乡自主创业提高收入水平，在流转土地的过程中增加年终分红。大田塱村大多数家庭通过养鱼、黑鬃鹅、肉鸽等养殖产业实现了在家门口就业创业，基本满足生活所需，可以自给自足。通过党员的带动作用，农民恢复了对撂荒地的复耕，推动了集体经济的发展。通过土地发包、鱼塘发包等项目，村集体收入从2008年的60多万元大幅提升至2019年的280多

万元，2020 年村集体经济纯收入约 290 万元，2019 年村民年终分红每人 1500 元。大田塱村整治撂荒土地有妙招，党员干部"认耕认种"带头发挥示范作用（见图 3.20）。

图 3.20　大田塱村整治撂荒土地有妙招，党员干部「认耕认种」带头发挥示范作用

摄影　陆剑宝

推动乡村振兴的发展，一是大力发展具有本土特色的农村经济产业，结合产业招商引资，做大做强品牌经济。大田塱村打造"回龙肉鸽"特色品牌，做大做强做优肉鸽产业链。二是保护生态，保护村落建筑和卫生，整治环境，给村民创造一个美丽的家园。三是通过团结村民，抓乡风文明建设，实现民风淳朴、邻里互帮互助、诚实守信、勤俭节约。四是需要抓领导班子，充分发挥基层党组织的引领作用。村委干部是中坚力量，需要对村"两委"干部进行相关的培训和引导。大田塱村村委书记年轻力壮，基层经验丰富，有胆有识，有情怀，带领大田塱村村民奔向小康。五是乡村振兴的最终目标是实现村民"生活富裕"，只有村民"钱袋子"鼓了，收入提高了，乡村才有持续的生命力。

（作者：洪迎秀，广东省普通高校特色新型智库"粤港澳大湾区新兴产业协同发展研究中心"研究人员、办公室主任。陆剑宝，见本书勒口）

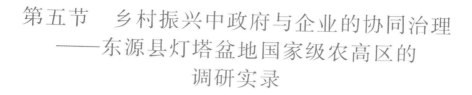

第五节　乡村振兴中政府与企业的协同治理 ——东源县灯塔盆地国家级农高区的 调研实录

　　乡村建设需要各方力量统筹规划，在乡村，规划的主体不仅是政府，更需要企业带动。如国家级农业高新技术产业示范区的建设。其中，东源县在建设灯塔盆地为国家级农业高新技术产业区和示范园区的过程中有显著成效。当地政府的现代农业园管理模式和民间资本相结合，使灯塔盆地逐渐成为生态河源主战场、乡村振兴主引擎。

一、政府现代农业园管理模式：制度规划＋财政手段支持

1. 灯塔盆地的治理现代化水平在不断提升

　　管理管委会制定了配套的管理体系、规划体系、目标体系、交通体系、外连水系五大体系。全面启动 160 平方千米起步区建设，积极创建国家农业高新技术产业示范区、省级综合型现代农业产业园。同时，系统谋划东江流域水安全保障提升工程前期工作。

2. 财政补贴和金融政策助力灯塔盆地建设

　　灯塔盆地现代农业示范区管委会先后整合财政资金 1300 万元，为现代农业示范区建设提供强有力的资金支持。管委会与邮政银行合作，开展"政银保""政银企""创业贷"等农业免抵押金融产品，通过设立融资风险补偿金提供担保、贴息等方式撬动银行以 10 倍放大资金为各类农业经营主体提供免抵押贷款。目前累计放款上百笔，惠及新型农业经营主体上百家，不仅解决了农业经营主体的资金需求，还解决了项目融资难融资贵的问题，推动了灯塔盆地现代农业示范区的建设。

二、灯塔盆地油茶基地的建设成效

2017 年 8 月经财政部批复同意实施，该项目试点位于广东省河源市东源县顺天镇。目前，灯塔盆地核心区有东源县顺天镇沙溪村盲桥小组、党演村、横塘村。

社会效益层面：乡村生态、人文环境和农村基础设施建设明显改善，三产实现融合发展。核心产业园有西施柚示范基地、中兴绿丰柠檬产业园、广东融合蓝莓庄园等多个农业生产基地及企业。图 3.21 为顺天镇的代表产业基地——西施柚示范基地，位于西施湖中形成的孤立岛屿。湖中鸭子成群，岛上老黄牛与柚共生。

经济效益层面：村庄变景区、资源变资产、村民变分红主体。农民收入得到提高，村级分红壮大了个人和集体资产。其中，大坪村 2017年人均收入为 13600 元，2020 年人均收入增至 18300 元。

图 3.21 顺天镇的代表产业基地——西施柚示范基地，位于西施湖中形成的孤立岛屿。湖中鸭子成群，岛上老黄牛与柚共生

摄影　倪钰婷

三、政府管理农业园的经验启示：缺乏数字化治理技术支撑

数字鸿沟拉大了城乡差距，乡村振兴的发展离不开数字化的治理技术。灯塔盆地的建设还需提升信息基础设施建设、公共服务信息化水平以及新型信息技术的利用程度。目前，灯塔盆地采用的大部分还是传统治理技术，即制度、程序等治理手段。在运用互联网大数据管理方面缺

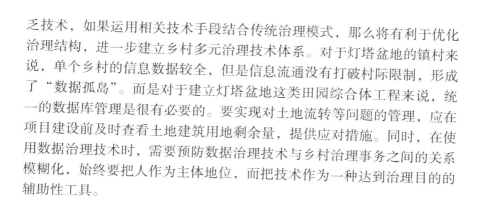

乏技术，如果运用相关技术手段结合传统治理模式，那么将有利于优化治理结构，进一步建立乡村多元治理技术体系。对于灯塔盆地的镇村来说，单个乡村的信息数据较全，但是信息流通没有打破村际限制，形成了"数据孤岛"。而是对于建立灯塔盆地这类田园综合体工程来说，统一的数据库管理是很有必要的。要实现对土地流转等问题的管理，应在项目建设前及时查看土地建筑用地剩余量，提供应对措施。同时，在使用数据治理技术时，需要预防数据治理技术与乡村治理事务之间的关系模糊化，始终要把人作为主体地位，而把技术作为一种达到治理目的的辅助性工具。

四、农业产业化龙头企业是乡村产业振兴的生力军

1. 农业龙头企业保持灯塔盆地农产品稳定供给

灯塔盆地作为河源市农业发展的主要阵地，东源县政府与灯塔盆地现代农业示范区管委会联合引进60多家市级以上农业龙头企业。企业在政府的倡导下与灯塔盆地农业示范区携手共进，有力引导村县合作社、农业种植基地。油茶产业、特色水果产业等基地因此得到快速发展，形成了"一镇一业、一村一品"的现代农业发展新格局。目前，灯塔盆地内的农业高新技术产业示范区每年能向粤港澳大湾区供应32万吨蔬菜、近18万吨水果以及0.7万吨水产品。

2. 农业龙头企业引导灯塔盆地向现代化进一步发展

企业向灯塔盆地输送各类新型技术，坚持打造油茶、蓝莓、粮食种植与精细加工和南药花卉苗木种植等农业产业集群。中兴绿丰发展有限公司针对柠檬的大棚免耕栽培持续创新技术，实现年育苗500万株，极大地提高了产业化。美林油茶基地的油茶树品种经过美林企业科技的筛选、试验以及国外先进萃取技术的引进，油茶品种与产品质量得到进一步改善。广东融和农业集团东源分公司在灯塔盆地的庄园投入科研力量对大棚种植蓝莓进行选育，从而提高了经济效益。通过农业现代化的更进，农业龙头企业在灯塔盆地诠释了"富农、益民、利企、扩产"的多方共赢新模式，提高了灯塔盆地的现代化发展水平。

3. 农业产业化龙头企业带动当地农民就业增收

土地方面，东源县政企联手，不断推进农村土地流转，盘活村内闲置、荒弃的土地资源，实施土地规模化经营，发展适合当地的优质高产高效农业、生态农业和可持续农业，进一步增加了农民收入。产业方面，企业有效带动农民就地就近就业，带动 10 万多农民人均年增收 4860 元，让更多农民分享产业增值收益。图 3.22 为美林油茶基地，在当地政府的支持下，规模不断扩张。尽管在萧瑟的冬季，美林油茶基地的茶花依旧花香四溢，花叶间的油茶籽也在努力成长，长势喜人。

图 3.22　美林油茶基地，在当地政府的支持下，规模不断扩张。尽管在萧瑟的冬季，美林油茶基地的茶花依旧花香四溢，花叶间的油茶籽也在努力成长，长势喜人

摄影　谭学轩

五、乡村振兴中企业赋能的经验启示

基于东源县灯塔盆地内农业龙头企业在引导服务东源县农业产业发展从而实现乡村振兴的经验，本调研可总结为以下四条启示：其一，农业龙头企业在乡村中发挥了创新的引领作用，利用技术先进、资源丰富等优势，增加研发投入，提高成果转化率，优化品种，解决了农产品品种在当地生存的问题，使其成为当地的特色作物。其二，企业拥有联农带农的中坚作用，引导合作社的形成，带动农民就业增收致富，为乡村产业发展增添了新活力。其三，农业龙头企业应作为载体将产业融合，企业能为乡村产业打通上、中、下游的各个环节，促进跨区域产业链融合，加速形成新产业新模式，开拓乡村农业产业发展的新空间。其四，企业应集聚更多的人才、技术、资金等要素，与农业高校联合，优化相关配置、建设园区载体，打造乡村产业发展高阶示范区。

（作者：陆剑宝，见本书勒口。李星穆，广东省普通高校特色新型智库"粤港澳大湾区新兴产业协同发展研究中心"研究人员。倪钰婷，广东省普通高校特色新型智库"粤港澳大湾区新兴产业协同发展研究中心"研究人员）

第六节　国家级现代农业产业园的管理机制
——广州市从化区西和村的实地调研

国家级现代农业产业园的建立，是乡村产业兴旺的助燃剂，是农民稳定增收的重要载体，为实现乡村振兴提供了有力抓手。自2017年开始，国家农业农村部联合财政部先后创建了六批国家级现代农业产业园。截至目前，已被批准创建的国家现代农业产业园有203个，其中由省级现代农业产业园直接纳入国家级现代农业产业园管理体系的有15个。此次，调研团队走进广州市唯一一个国家级现代农业产业园——广州市从化区西和村花卉国家现代农业产业园，探索国家级现代农业产业园的管理机制体制。

西和村原名"西山村"，后改为"西和村"，寓意"幸福和谐"。西和村位于广州从化区城郊街北部，距广州60千米，距从化区中心9千米，紧邻105国道、大广高速和地铁14号线东风站，交通便利。西和村面积约5平方千米，兼有广府民系和客家民系。西和村下辖6个经济社，共有农户325户，总人口1364人，村支部现有党员25名。西和村终年鲜花烂漫、花田阡陌交错，田地平整，土壤肥沃，两条灌渠引水横穿小镇，山水林田青葱满目，形成了集花卉种植产业、休闲农业、旅游、产学研于一体的现代村落。西和村还是广州市首批市级特色小镇，曾荣获"中国美丽休闲乡村""省级休闲农业与乡村旅游示范镇"等称号。

一、从1到N，从村级到国家级

西和村位于广州市从化区城郊街，自然资源丰富，生态环境良好，土质优良，在发展特色花卉产业上具有得天独厚的优势条件。1997 年，西和村引进了第一家花卉企业，此后越来越多的花卉企业进驻。随着花卉种植规模越来越大，西和村成功申报成为国家农业农村部和广东省共建的现代农业示范区。如今，村里 3000 多亩（约 200 万平方米）土地几乎已经全部流转了。2022 年 1 月，从化区现代农业产业园（花卉产业园）被认定为第四批国家现代农业产业园，顺利实现由省级现代农业产业园到国家级现代农业产业园的升级。西和村是国家级特色花卉现代产业园核心村，坚持以发展特色花卉种植业为主，联动周边乡村，项目范围内花卉种植面积达到 1.3 万亩（约 866.67 万平方米），已投入生产面积达到 1.1 万亩（约 733.34 万平方米），周边入驻花卉企业 48 家。从村级到国家级：西和村变身成为花卉国家级现代农业产业园区（见图 3.23）。

图 3.23　从村级到国家级：西和村变身成为花卉国家级现代农业产业园区
摄影　谭学轩

二、多企业主体参与，激活"一村一品"

西和村作为以特色花卉产业为主的国家级现代农业产业园，拥有多家大型花卉企业，产业集聚效应显著。首先，它以差异化的花卉种植为核心产品，秉承"一村一品"发展思路。从多肉植物到玫瑰，从火龙果到樱花，从盆栽到乔木，一个企业一个品类，避免了同质化竞争。每个企业的种植规模都很大，有的企业所生产的品类达到了华南地区销售额第一。其次，西和村以花为媒，形成了全产业链创新创业模式。除了花卉种植、加工、营销，西和村还积极发展研学营地、民宿、文创工作室、粤菜师傅培训基地、花卉科技研发中心等周边产业。再次，部分企业积极发展花卉一、二、三产业融合，如玫瑰园除了玫瑰种植，还发展出玫瑰观光、玫瑰主题餐厅、玫瑰亲子研学、玫瑰花茶制作、玫瑰花饼制作、玫瑰香水制作等衍生项目。如正欣多肉除了传统的多肉种植和销售，还有现场 DIY 培训、多肉集市、多肉护肤品等衍生产品和服务。最后，在村容村貌和村风文明建设上，村基层干部、企业家和村民形成合力，共建出一批小花园、小果园、小公园和小菜园，把西和村花卉农业园从产业园变成大花园，进而演变为观光旅游目的地。图 3.24 为参观拥有十几个规模化、现代化花卉主题种植基地的西和村。

图 3.24　参观拥有十几个规模化、现代化花卉主题种植基地的西和村

摄影　陈旭东

三、以国家级现代农业园的建设标准为目标建设西和村

目前，我国农业农村部发布的《国家现代农业产业园项目申报指南》中要求，申请创建国家级现代农业产业园的地区，要按照县级政府申请、省级农业农村和财政部门择优遴选的方式确定拟列入创建名单的产业园，经分管省领导审定后报送农业农村部、财政部。各省级农业农村部门、财政部门要严格按照创建条件开展竞争性遴选，经过规划评审和实地核查等工作后再批准创建。

为此，西和村的整体建设已采用国家级花卉现代农业产业园的管理体系，主要体现在五个方面。

1．主导产业特色优势明显

西和村发展特色花卉产业，有 1900 种特色花卉花种；年出产小盆栽 1 亿多盆，产量占珠三角总量的 60% ～ 70%；小盆栽特色花卉出口东南亚国家比例大，产值约 8.5 亿元；特色花卉产值占产业园总产值的比重达 50% 以上，在广东省和全国的特色花卉产业和小盆栽行业中产品竞争力强。花卉产业集中度高，具有集群效应，由上游广州花卉研究中心培育的小盆栽可直接用于产业园区的盆栽种植。特色花卉产业符合"生产＋加工＋科技"的发展要求，小盆栽种植规模化、加工运输集群化、科技集成化，园内有多家特色花卉品牌形成全产业链布局。图 3.25 为西和村国家级现代农业产业园区内的特色花卉项目。

图 3.25 西和村国家级现代农业产业园区内的特色花卉项目
摄影 谭学轩

2．市级政府部门为建设国家级现代农业产业园提供全方位制度和财政支持

（1）财政补助。 为了确保国家现代产业园区建设顺利运行，广州市制定了相关财政补助政策，广州市市级财政对目前所批示的国家级、省级产业园区分别发放 1 亿元和 5000 万元。调查显示，西和村国家级现代农业产业园现已投入运行的建设资金款项达 16.28 亿元，广州市二级财政投入 6.3 亿元，在国家级产业园建设和广州市政府的积极号召下，先后撬动社会资本 9.98 亿元，同时辐射带动农户约 4.5 万户。

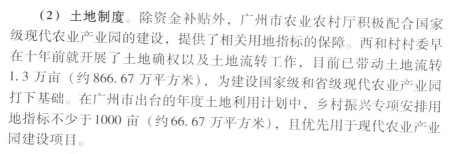

（2）**土地制度**。除资金补贴外，广州市农业农村厅积极配合国家级现代农业产业园的建设，提供了相关用地指标的保障。西和村村委早在十年前就开展了土地确权以及土地流转工作，目前已带动土地流转1.3万亩（约866.67万平方米），为建设国家级和省级现代农业产业园打下基础。在广州市出台的年度土地利用计划中，乡村振兴专项安排用地指标不少于1000亩（约66.67万平方米），且优先用于现代农业产业园建设项目。

（3）**科技成果转化政策**。在科技方面，除了增调科技特派员到乡村驻扎以外，市级政府还探索出多种途径助推国家级现代农业产业园的农业科技成果转化和推广。西和村建立广州花卉研究中心科普基地，作为农业科技成果转化基地和孵化器，发展特色小盆栽产业配种育苗基地。占地350亩（约866.67万平方米）的"广州优质花卉示范基地"，拥有面积达7000平方米、年产3000万株花卉种苗的花卉组培生产线和15万平方米的环控条件齐全的花卉生产示范温室。该中心多年来致力于花卉品种创新研究，目前已培育出红掌、凤梨、蝴蝶兰等20多个具有自主知识产权的花卉新品种，并通过广东省农作物品种审定。每年有100多个品种、近3000万株名、优、新、特的花卉种苗推向全省、全国各地并出口东南亚，已成为我国知名的优质花卉种苗生产供应基地。图3.26为西和村国家级现代化农业产业园区内入驻的广州花卉研究中心。

图3.26　西和村国家级现代化农业产业园区内入驻的广州花卉研究中心
摄影　谭学轩

3．规划布局科学合理，组织管理健全

西和村由省级产业园区升级为国家级产业园区，相关产业园区规划由县级以上政府批准完成。在建设产业园区的过程中，西和村兼顾村镇建设，形成园村一体、产村融合布局。管理机制由政府为主要引导，充分调动多企业、主体共同参与园区建设，农业农村部、财政部将建立"能进能退、动态管理"的国家现代农业产业园创建考核管理机制。

近年来，西和村从公安部门择优选派2名优秀青年干部驻村担任第一书记，11名村委干部中年龄40岁以下的占比54.5%。干部发挥"头雁"作用，大力开展党支部的标准化建设工作。同时，西和村建成了党群服务中心、村民议事大厅和"仁里集"智能治理云平台，以西和村党群服务中心为纽带，开展党员干部密切联系群众活动，构建起街领导联村、村两委干部包社，社干部和村党员包户的"连心桥"工作机制。

4．建设水平区域领先，绿色效益显著

由于省级产业园区的规划布局，西和村产业园基础设施条件得以完善，花卉研究中心信息库具备专业种育人才队伍，吸引企业和人才创新创业。花卉产业种养结合密切，生产加工过程实行严格规范化管理，建立起了农业低碳、绿色、循环发展长效机制。

5．园区效益惠农增收

企业的入驻以及产业的发展，为当地农民提供了就近就业和从事第三产业的机会，村集体收入和农民平均收入逐年提升。2017年西和村集体收入36万元，农民人均收入2.3万元；2018年集体收入48万元，人均收入2.6万元。西和村2022年累计接待游客约30000人次，旅游总收入约360万元。2022年春节累计接待游客人数299人次，收入约72000元。西和村形成食、住、游、学、购、赏等全方位功能配套格局，园区建设成果惠及农户。

四、西和村在建设国家级现代产业园中面临的制约因素

1. 可开发用地越来越少，租金越来越高

团队通过走访企业和村落了解到，西和村土地流转措施进行顺利，但由于工商资本企业的大规模入驻，目前可用土地越来越少。每亩土地一年租用价格达 1600 元，且大多数企业租地面积大、租用费用高。

2. 低端劳动力缺乏，高端人才同样缺乏

西和村特色花卉企业中的员工大多为西和村村民，且因青壮年回乡人数少，主要以中老年人为主，往往一人兼任多职。平均工资为每人每天 70 元，薪资水平较低。花卉研究中心的相关研究人员大部分是受过企业培训的村民，大多从事单一、流水线化的初代切割、初代培养的工作，缺少全职性高端研究人才。

3. 以种植为主，鲜花全产业链尚未形成

目前，园区内大部分企业仍然以上游花卉种养产业为基础。正欣多肉、宝趣玫瑰、天适樱花等企业逐渐形成了"产、加、运、销"模式，研制玫瑰精萃油、玫瑰酒等深加工农产品，但产业带动效应和全产业链示范效应并不显著。

4. 基层干部对产业园管理体制机制未理顺

在国家级现代农业园管理体制上，西和村当地村委、驻村干部以及基层干部的主体带动效应不明显。团队在西和村走访调研期间，发现西和村企业负责人普遍在如何更好融入国家级现代农业产业园管理体系方面意见不一。在产业园管理上，基层干部分工不明确；在项目认证、资金支持、园区资源协调等方面，未能建立合适的管理架构。

五、西和村创建国家级现代农业产业园的经验启示

1. 做大做强特色农业产业链

第一，发展符合地区特色的优势支柱产业，保存产品的地域色彩。培育特色优势品种，提高在农产品市场上的竞争力。在同行中确立不同分工，发挥好产业集群化作用。把优势品种利用集群效应打造成特色农产品品牌，提高品牌知名度。

第二，扩大特色农产品种植面积，发挥规模效应，实现生产、加工、物流、服务全产业链布局。还可以利用园区发展特色农产品旅游观光，实现一、二、三产业深度融合发展。

第三，由镇一级政府联动相邻行政村，整合周边撂荒用地，流转农用地，以"摊大饼"形式形成跨村农业产业园，为国家级现代农业产业园建设提供可开发用地基础。

2. 科学管理

第一，规范相关地区产业园的管理机制，综合考虑农业资源禀赋，特色产业发展，一、二、三产业融合等因素，建立科学评价和验收标准体系。

第二，利用二级财政尽可能发放奖补资金，积极进行项目前期、中期以及后期验收工作，对于不符合标准的项目提出质询，提升国家级现代化农业园区建设审批标准和质量。

第三，对基层农业农村和乡村振兴工作人员进行系统培训，提升基层管理队伍对国家现代农业产业园的管理体制机制认知能力和行动能力。

（作者：李星穆，广东省普通高校特色新型智库"粤港澳大湾区新兴产业协同发展研究中心"研究人员。陆剑宝，见本书勒口）

第四章　乡村产业振兴

第一节　乡村特色产业的经济引领
——紫金、英德茶业全产业链的双案例调研实录

乡村振兴的关键是产业振兴。2019 年广东第一产业增加值全国排名第八，远高于同是经济大省的浙江、江苏和山东。究其原因，在于广东的农业以特色农产品和精细化农产品为发展主导，具有相对竞争力。河源市紫金县和清远市英德市作为广东省重要的"茶罐子"，借助紫金绿茶和英德红茶两大区域特色农业品牌的带动，区域经济得到显著提升。两地的茶产业均有一定的种植规模，实现了科技化种植和生产，具备一定的销售渠道开拓能力和品牌塑造能力，从而具有高附加值和强经济带动的特征。

研究团队以广东"茶罐子"的城市特供为切入点，通过对粤东山区河源市紫金县和粤北山区清远市下辖的英德市两地茶产业的深入调研，总结广东部分资源禀赋型乡村如何通过规模化种植生产、打造全产业链，做大做强区域特色产业，从而带动当地农民收益和区域经济的发展。

一、两地茶产业发展特征：历史悠久、品类特色、产业扎实、附加值高

1. 种植历史悠久

紫金县和英德市都是广东省茶叶的传统产区，紫金县主要种植绿茶，英德市主要种植红茶。两地茶叶种植历史悠久，如清远英德市就有 1200 多年的产茶历史，河源紫金县也有 500 年的种茶史。在全国知名

度上虽然比不上传统的中国十大名茶，但在粤港澳地区有一定的品牌辨识度和长期的群众消费基础。

2. 品类辨识度高

英德红茶和紫金绿茶除了有"中国国家地理标志产品"的称号加持之外，紫金蝉茶以"一种被绿叶蝉咬过的茶，蜜香味浓郁"为宣传切入点；英德红茶以"英红九号"为爆点引领英德全域茶旅融合发展。紫金县主打绿茶，在绿茶的基础上进行细分，包括金萱绿茶、蝉茶、蜜香茶等。英德则是中国红茶之乡，形成了以产区划分的品类，如以英红镇为主的红茶产区、以黄花镇为中心的高山有机茶产区、以白沙镇为中心的绿茶产区。

3. 产业基础扎实

截至 2021 年底，紫金县全县标准化茶园面积 6 万亩（约 4000 万平方米），产值超过 12 亿元，带动全县 103 条乡村农户从业。紫金县拥有茶叶类注册商标（含初审公告）约 80 个，省级名牌产品 6 家共 9 个品种，中国优质农产品示范基地 1 个、广东省生态茶园 8 个、茶叶省级专业镇 2 个。截至 2021 年底，英德全市标准化茶园面积 17.02 万亩（约 1.13 亿平方米），全年干茶产量超过 1.35 万吨，茶叶产值超过 50 亿元。全市涉茶企业 558 家，涉茶个体户 592 家，涉茶专业合作社 142 家，涉茶家庭农场 73 家，省级重点农业龙头企业 12 家，清远市级重点农业龙头企业 21 家。英德茶产业带动 15 万从业人员，是富民兴村的主导产业，在乡村脱贫攻坚中发挥重要作用。

4. 产品附加值高

茶叶除了有日常饮用价值，还有礼品价值、药用价值和收藏价值，因此，茶叶的附加值相对其他农产品要高得多。在产品价格方面，紫金蝉茶的上等品由于产量低而尤显珍贵，被民间称为"蝉茶中的劳斯莱斯"。英德红茶以"英红九号"为引领，通过精美包装和产品跨界组合创新提升茶叶的附加值。在坪效方面，英德市 2021 年全市标准化茶园面积 17.02 万亩（约 1.13 亿平方米），产值高达 50 亿元；紫金县全县茶种植规模 6 万亩（约 4000 万平方米）左右，产值超过 12 亿元，比其他传统的蔬菜产区、果类产区的坪效要高出很多。同样是种植，蔬菜种植户需要规模化种植才能致富，而茶叶种植，每户只需十亩八亩，年收

入都可以达到 10 万元以上。紫金县南岭镇庄田村和龙窝镇彭坊村的村民就是通过家家户户散种紫金茶树，完成了落后山区依靠山区特有资源的"逆袭"，逐渐实现了共同富裕。

二、全产业链模式实现一、二、三产业融合的茶产业生态闭环

1. 种植规模化、科技化、绿色化

在龙头企业规模种植方面，紫金绿茶和英德红茶产业均上升到县级龙头产业的地位，当地政府对茶产业发展大力支持，通过省级现代农业园的模式鼓励茶企规模化发展。紫金县的客茶谷、龙王绿和英德市的积庆里、英红庄园等规模茶企的种植面积都在千亩以上。一些龙头茶企采用养殖业的"温氏模式"，形成"龙头企业＋中小规模企业＋种植户"的茶叶产业联合体。在茶叶种植科技方面，紫金茶企采用"经验＋科技"种植模式，与省茶科所、华南农业大学园艺学院建成战略合作协会；英德除了一直和省茶科所合作外，2021 年还成立了"英德红茶产业研究院"，对茶叶种植未来趋势进行科技攻关。在茶产业绿色化种植方面，紫金县和英德市所有茶企业都达成了行业的共识，为了保障茶叶食品安全和品质，均不采用化学农药。2020 年英德红茶所有茶叶在质量抽检中 100% 合格。"茶罐子"的绿色化凸显出农产品种植的"品行"，为各大城市市民的食品安全保驾护航。由于紫金蝉茶依靠"动物与植物"的共生，栽种紫金蝉茶的茶园对整个茶产区的生态保护都非常重视，茶产区的生态一旦被破坏，咬噬茶叶的蝉虫减少，名贵的蝉茶产量则会下降。此外，一些茶园还在茶树种植和修建中创新融入设计图案，在茶树之间间种花卉、美化茶园，增加茶园的观赏性。英德的网红茶园积庆里则在种植中增加了动物养殖、蔬果和花卉种植以及网红打卡点。图 4.1 为云雾萦绕的丘陵地貌，最适合茶树的生长，英德市英红镇的茶园深得大自然的馈赠。

图 4.1　云雾萦绕的丘陵地貌，最适合茶树的生长，英德市英红镇的茶园深得大自然的馈赠

摄影　陆剑宝

2. 加工自动化、精细化、绿色化

在政府的支持下，两地建立了若干个区域性加工服务中心，为中小规模茶企或茶农代加工生产。除了一些传统的家庭作坊，紫金茶和英德茶的加工环节，很多企业均自行采用了半自动化和全自动化的加工模式，技术相当成熟。其中，半自动化生产主要满足一些特定顾客的指定要求。生产车间一尘不染，各环节均采用环保手段，如英德市英红农夫的红茶省级现代农业产业园的加工车间连地板都采用了非油漆面的金刚砖。图 4.2 为位于英德市英红镇某茶园内的茶叶全自动加工车间，一尘不染。

图 4.2　位于英德市英红镇某茶园内的茶叶全自动加工车间，一尘不染

摄影　谭学轩

3. 销售多渠道齐下

受制于疫情，最近两年紫金茶和英德茶的出口均有所下降，故转而主攻粤港澳大湾区市场。英德市的积庆里发展了专卖店、专柜、省级合伙人计划和线上四大渠道，并通过茶园文旅及"一亩茶园"认种模式带动茶叶销售。紫金县客茶谷利用自己的电商直播室以及线下门店结合带动茶叶销售，另外在"村主任伯伯"小程序、京东等平台助推紫金茶产品，多元化的销售方式为顾客提供了便捷的消费体验。

4. 区域品牌与企业品牌并举

"中国三千茶企抵不过一个立顿"，由此可见茶品牌对茶产业做大做强起着催化剂的作用。紫金的东方蝉茶、金丰号客家茶以及紫金萱，英德的英红九号、积庆里等多种茶品牌都跻身于广东的十大名茶行列。茶企的大力宣传加之政府的支持，通过户外广告、举办茶叶参赛参展和系列特色茶文化主题活动、精心设计品牌标识等全媒体宣传，为茶品牌不断注入新的活力。深圳对口帮扶紫金县，多次组织紫金茶企参加大型博览会，通过中央、省、市、区等各级平面媒体和网络平台，让紫金茶的品牌影响力有更广泛的提升，大力推动了紫金茶"走出去"。英德市通过在人民大会堂、央视、高铁等媒体平台和户外平台投放宣传广告等措施，全力打造英德红茶区域品牌。紫金和英德当地政府不遗余力地打造茶业区域品牌，希望将地方特色农业做大做强（见图4.3）。

图4.3 紫金和英德当地政府不遗余力地打造茶业区域品牌，希望将地方特色农业做大做强

摄影 陆剑宝

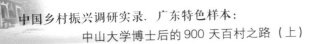
5. 农旅融合，跨界发展

通过调研发现，紫金茶产业和英德茶产业的龙头企业或是房地产企业的农业板块，或是制造企业的业务转型，或是传统的大型茶叶销售公司，或是乡贤回乡投资带动。这些龙头企业因为有城市基因，因此非常擅长跨界的融合战略，并以此提升了农业的边际效应。紫金县的客茶谷在原省级扶贫基地一两百亩茶园的基础上，由著名茶叶销售企业斗记接手，现在斗记除了在种植上加大规模外，还逐渐发展起了茶园旅游，在茶园里种植观赏植物、修建观赏栈道，在调规用地上增加餐饮和住宿配套等。英德市的积庆里茶园除了深挖茶文化和属地古村落文化来打造网红茶园外，还发展配套的蔬果种植、动物养殖、旅游休闲、研学教育、住宿餐饮等，以茶园为核心，实现了一、二、三产业融合发展。图4.4为紫金县紫城镇客茶谷的观光栈道和冬日南国依然娇艳欲滴的间种花卉。

图4.4 紫金县紫城镇客茶谷的观光栈道和冬日南国依然娇艳欲滴的间种花卉

摄影 谭学轩

三、破解乡村振兴用地困局，做优做强乡村特色产业

城市资本反哺农业农村，乡村产品支持城市消费。特色农产品规模化和品牌化之后，除了能带动跨村的农户致富之外，还能确保周边城市

居民的优质食品供应源泉和质量。通过调研发现，紫金茶产业和英德茶产业在发展过程中，龙头企业和乡贤企业成为带动茶产业发展的主导力量。

而这些茶企和其他乡村产业谈及最多的困境则是用地限制问题。加工厂的用地审批难度较大，一般中小型茶企很难获批；如果要发展茶园观光旅游，则存在配套餐饮和住宿用地的严格限制问题；点状供地政策在实际推动中亦存在诸多限制。事实和历史经验证明，缺乏二、三产业植入的农业基本没有出路。

要发展以农业为特色的一、二、三产业融合型乡村振兴项目，应重点破解土地使用性质的困局。首先，应推动茶园的点状用地审批流程的简化，在坚持保护生态环境底线的同时加快茶园综合体配套设施的建设进度，激发中小企业进军茶业的积极性。其次，在坚决抵制茶园项目房地产化底线的同时，对不涉及超标硬底化的茶园观光配套项目一事一议，不能一刀切地大拆大清，严重打击投身茶业投资者的信心。最后，当地自然资源管理部门应以"三块地"改革为契机，加快在政策和制度层面进行顶层设计，对紫金和英德地区弃耕多年的土地进行有偿回收和重新优化配置，扩大茶叶种植面积等。

（作者：陆剑宝，见本书勒口。谭学轩，广东省普通高校特色新型智库"粤港澳大湾区新兴产业协同发展研究中心"研究人员）

第二节　兰花效应——翁源兰花产区实地调研

从荷兰郁金香王国到云南鲜切花基地，从顺德陈村花卉市场到从化西和鲜花小镇，鲜花经济成为推动区域经济的一个特色中的特色。随着国内中产家庭室内装饰需求、公共场所的鲜花造景需求以及办公场所对绿植花卉需求的不断扩大，国内鲜花种植成为乡村供给侧改革和农民致富的特色手段。相比粮食、蔬菜、水果等传统作物的种植，鲜花种植和初加工的利润更高，不仅一年四季均可种植，还能大棚种植，免受天灾导致失收的影响。挖掘乡村禀赋和自然生态，激活撂荒土地，培育特色花卉产业，不失为乡村产业振兴的一个方向。在粤北山区的翁源，兰花产业从 1998 年前的 0 发展到 2021 年的 37 亿元产值，占国内兰花市场 60% 的份额。为剖析"中国兰花第一县"的发展之路，调研团队深入翁源县江尾镇兰花产区，一探究竟。

一、从台湾到翁源——探索翁源兰花的美丽之源

"我从山中来，带着兰花草"。兰花喜阴，野兰多长于山谷。兰花由于花语高雅、文化内涵丰富和种植难度较大，而被很多养花爱好者所推崇。粤北山区韶关翁源全县七镇均有不同品种的野生兰花生长，目前已发现的兰科植物有 24 属，42 个原生种。翁源半山谷中虽然有大量的野生兰花，但真正演变成为带动经济发展的鲜花产业，走向规模化生产和市场化销售，还得回溯到 20 世纪的 1998 年。当年，一位张姓台湾花卉种植商人到翁源考察，发现江尾镇气候特别适合兰花的生长，便开始在江尾镇试种大棚兰花，没想到一举成功。之后，他便开始大规模种植，并吸引了 30 多个台湾的兰花种植户到江尾镇及周边相邻村镇考察和租地种植，大幅提升了周边村民的土地出租收入，也提供了大量就业岗位。随着当地台湾兰花种植户的规模扩大和企业数增加，周边村民也开始尝试自己种植，并获得成功，翁源兰花种植整体规模也日益壮大。在顺德从事花卉贸易的商家开始纷纷向上游"进军"，在翁源设置兰花种植基地。由此，"兰花育种－种植－销售"的全产业链模式逐渐形成。对兰花之美的共识和追求，将台湾、翁源本地和顺德陈村的从业者连接起来，不同的兰花从业者因一种对美的共识，在翁源江尾镇及其周边相聚，在市场力量的推动下，形成了翁源兰花产区的集聚效应。调研团队称这种效应为"兰花效应"。今天，翁源兰花不仅是美丽优雅之花，还是共同致富的乡村之花。翁源兰花的规模和影响力担当得起"中国兰花第一县"的美称（见图 4.5）。"兰之猗猗，扬扬其香"。翁源江尾镇的温室蝴蝶兰，待适当的时节，就会走入寻常百姓家（见图 4.6）。

图 4.5　翁源兰花的规模和影响力担当得起『中国兰花第一县』的美称

摄影　谭学轩

图 4.6　『兰之猗猗，扬扬其香』。翁源江尾镇的温室蝴蝶兰，待适当的时节，就会走入寻常百姓家

摄影　陆剑宝

二、从 1 到 N——翁源兰花的美丽经济版图

1. 翁源兰花版图一：翁源兰花国家级现代农业产业园

规范化的园区管理模式是乡村特色农产业做大做强的核心基点。以 20 多家台资兰花企业、300 多家本地兰花种植园、种植户数百户为依托的翁源兰花国家现代农业园是翁源兰花经济的重要平台，也是翁源兰花产区占国兰 60% 市场份额骄人成绩的卷面。2021 年，翁源全县兰花种

植面积高达 3.5 万亩(约 2333.35 万平方米),年产值超过 30.3 亿元。种植园区内企业通过与农林高校、农林科研院所以及当地兰花研究院合作,在基地内部形成了集研发、组培、种植、销售、展示于一体的兰花产业链。兰花种植除了大种植户为周边村民提供大量的工作岗位外,还通过"溢出效应"形成了兰花产业富农新模式,辐射带动兰花产业基地周边农民家庭种植兰花,形成了 40 千米的兰花种植长廊,一共吸纳了 2 万多名农村劳动力在家门口就业。如德芳兰园有限公司资助本地员工创业,累计孵化企业家 29 人,可称为翁源兰花界的"老板孵化器"。2021 年,翁源兰花国家农业园范围内的村民人均可支配收入高达 2.62 万元,超过当地平均水平的 37.8%。为做大做强翁源兰花产业,从 2010 年开始,翁源在国家(兰花)现代农业园内设立"粤台农业合作试验区翁源核心区管委会",为翁源兰花经济做大做强保驾护航。为提升兰花的科技创新,研发兰花新品种和兰花精品,为兰花企业提供科技服务,2018 年广东(翁源)兰花研究院成立。而翁源县政府在打造"中国兰花之乡""中国兰花第一县""中国(翁源)兰花博览会"等翁源兰花品牌效应上更是不遗余力,全力推动。翁源县国家现代农业产业园,占国兰 60% 的市场份额(见图 4.7)。

图 4.7 翁源县国家现代农业产业园,占国兰 60% 的市场份额

摄影 陆剑宝

2. 翁源兰花版图二:兰花全生态链

问:"这盘兰花多少钱?"

答:"你内心觉得它值多少钱,它就值多少钱!"

这是兰花与一般农产品不一样的地方——兰花无价。兰花除了是较为名贵的观赏性花卉、种植效益较高外，还具有广泛的应用场景和使用范围。同时，兰花的文化历史属性，赋予兰花相当高的溢价空间。此外，兰花入书、入画、入诗、入歌，是艺术创作和收藏等的重要元素。可以说，兰花产业不同于一般农业产业，具有丰富的创新想象空间和极高的文化价值内涵。

翁源兰花产区正在积极打造兰花全生态链。不同于从种植到品牌销售的全产业链，翁源兰花采用立体式的生态链打造方式。首先是兰科技，从关注鲜花到关注种业，从源头提升兰花全国乃至全球的话语权，兰花原种的培育引致新的价值增长点。其次是兰营销。翁源兰花捕捉数字潮流，在翁源兰花国家现代产业园内还形成了兰花直播基地，有的公司还提供兰花电商人才孵化、项目规划、校企合作、农产品精准营销培训服务。再次是兰衍产品。目前这个环节是翁源较为薄弱的。调研团队实地走访了当地的展销基地，兰花生产、销售、品牌等都具备一定的竞争力，但兰花衍生品的打造还处于初级阶段，只有零星的兰花沐浴露等少量兰花衍生产品，还没有完全市场化、规模化和多样化。最后是兰艺术。翁源零星民宿已经懂得在竹林中构建木屋，内饰摆设翁源兰花，墙壁挂上兰花书画，形成"兰与竹、兰与画"的初步构思，但兰艺术的全方位呈现还有待丰满。图4.8为调研组入住的翁源民宿，兰与竹，尽显诗意！

图4.8　调研组入住的翁源民宿，兰与竹，尽显诗意

摄影　陆剑宝

3. 翁源兰花版图三：兰花带动翁源全域旅游

与翁源兰花来一次优雅的文化之约，是一种令人期待的旅游想象。翁源兰花产区目前打造"兰花＋旅游"的方向大概有三个：一是围绕

"兰花特色小镇"这一主题建设思想，推进兰花产品及兰文化展示店建设，以省道为引线，将各个兰花种植园和展示区"串珠成链"，形成一条以兰花观赏为主题的精品旅游路线。二是联动九仙桃、仁川社学、湖心坝客家围楼、华人油画家美术馆等本地特色项目，打造九仙桃花海、农耕文化园等系列生态农业旅游观光点，再结合周边 10 多家特色文化农家乐，形成镇域的旅游图谱。据统计，2021 年，翁源兰花核心区江尾镇共接待旅游人数 44 万人次，直接或间接带动经济收入超过 3 亿元。三是规划在江尾镇附近野生兰花较多的山谷，打造还原兰花野生状态的"野兰谷"，重现"深谷幽兰"之境。目前，翁源"兰花 + 旅游"的版图打造还处于构思和部分散点规划的初期阶段，尚未形成真正的兰花旅游品牌目的地。

4. 翁源兰花版图四：兰花产业带动翁源其他农产品发展

"一枝独放不是春"。翁源兰花国字号做起来之后，示范带动效应非常明显。翁源积极推进"一个主体，多点开花"的兰花带动其他农产品战略，重点发展"九仙桃、三华李、甘蔗、葡萄、水晶梨、水稻、花生"等特色农产品。2019—2021 年，全县连续三年每年财政投入1000 万元助推"一村一品、一镇一业"产业发展，累计培育省级"一镇一业"专业镇 4 个、"一村一品"专业村 43 个。继翁源兰花之后，翁源又获得"中国九仙桃之乡"国字号称号，翁源三华李也逐渐成为具有很强品牌竞争力的国内时令性地域特色名优农产品。

5. 翁源兰花版图五：兰花经济带动翁源乡村振兴全面发展

翁源兰花不仅仅演绎了产业带动和致富带动的地方农产品角色，还发挥了另一种"兰花效应"——乡村振兴效应。在"中国兰花之乡"的品牌光环和乡村振兴中乡村风貌带计划提出的背景下，以兰花为主题的乡村风貌带"兰香古韵"廊线应运而生。"兰香古韵"美丽乡村风貌带一期串联了松岗村、九仙村、仙北村等 6 个行政村；二期"以点带面"覆盖到南塘村、连溪村、新生村等。以整村农房风貌提升的人居环境优化为主体，以"政府贴息 + 村民自贷"模式推出"兰香风貌提升贷"，给有意愿的农户用于提升农房风貌，目前累计发放贷款资金1300 多万元，廊线内农房提升改造率达到 85%。加强沿线山水林田湖路桥等设施和生态景观整治提升，目前廊线全线铺设沥青路，沿途配套

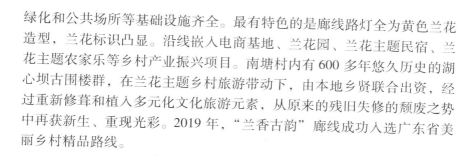

绿化和公共场所等基础设施齐全。最有特色的是廊线路灯全为黄色兰花造型，兰花标识凸显。沿线嵌入电商基地、兰花园、兰花主题民宿、兰花主题农家乐等乡村产业振兴项目。南塘村内有 600 多年悠久历史的湖心坝古围楼群，在兰花主题乡村旅游带动下，由本地乡贤联合出资，经过重新修葺和植入多元化文化旅游元素，从原来的残旧失修的颓废之势中再获新生、重现光彩。2019 年，"兰香古韵"廊线成功入选广东省美丽乡村精品路线。

三、扩容还是提质？——翁源兰花向世界出发

现代农业园产值翻一番的两种做法主要是扩容和提质。受制于土地储备和土地性质制约，种植面积扩容两倍在广东很多乡村其实很难做到。本地特色农产品增加值翻倍的较优路径就是"提质"。相对于蔬菜和水果的提质难度，翁源兰花产业规模从 30 亿元到 60 亿元的"美梦"似乎更易成真。

1. 提质第一招：品牌兰花与兰花标准

翁源兰花作为集体品牌，要通过政府和企业等乡村振兴多元主体合力，使之强化成为高档兰花产区的代名词。据调研了解，翁源兰花产区原来有 30 多家台湾种植企业，后来由于品牌理念和品质理念的不认同搬走了 10 家左右。规模生产下的"工业兰花"售价较低，打进了"寻常百姓家"，但另一方面也降低了翁源兰花的品牌档次，"做低容易做高难"。因此，当务之急是以翁源兰花产区为原产地，制定和发布兰花的分产区、品质、档次和价格标准，建立兰花价格交易指数系统。

2. 提质第二招：科技兰花和兰花种业

翁源兰花产值绝大部分来源于种植和销售的贡献，兰花自主创新成果不多。整个翁源产区的兰花原创发明专利还不如厦门一家兰花种植企业。因此，建议以现有的广东（翁源）兰花研究院为基础，植入农林院校科研机构和大企业的"1＋1＋1"联合研发模式。重视兰花的组培和品种开发，建设中国兰花种业基地和交易中心。图 4.9 为广东"翁源"兰花研究院，还处于初级发展阶段。

图4.9 广东「翁源」兰花研究院,还处于初级发展阶段

摄影 陆剑宝

3. 提质第三招:兰花衍生品与兰花文化游

兰花的跨界融合很容易发生。在衍生品方面,包括兰花+茶、兰花+日化、兰花+食品、兰花+文创等。利用翁源坝仔村既有兰花又有茗茶的优势,向新会陈皮产区的"小青柑"学习,塑造高附加值的"兰花雪茶"品牌。以艺术馆为载体,植入兰花书画和工艺品元素;以山谷为载体,植入兰花原生之旅元素;以"兰花+"为基础,植入民宿、餐饮、公共场所和旅游景区;以兰花会展为平台,植入兰花观赏、兰花园林、兰花歌舞、兰花诗词书画、兰花美食、兰花文化知识等元素。

翁源兰花美丽版图,未来可期。

(作者:陆剑宝,见本书勒口。张玉冰,厦门大学经济学博士,广东省普通高校特色新型智库"粤港澳大湾区新兴产业协同发展研究中心"副主任)

第三节 牧童遥指杏花鸡——封开杏花鸡
现代农业产业园扩容提质之路

禽肉类不仅是粤港澳大湾区重要的"肉案子"保障品,乡村产业

"鸡"遇,更是广东乡村产业振兴中的一个重要单项。广东人无鸡不成宴。广东人爱吃鸡,广东也盛产靓鸡。广东靓鸡何处有?从广东省鸡的出栏情况看,广东省年出栏国鸡超 8 亿只,占比全国国鸡总出栏量 19.71%;从广东省各地域标志性名鸡来看,广东不仅有家喻户晓的清远鸡,也兼有历史悠久的封开杏花鸡、信宜怀乡鸡、惠阳胡须鸡,俗称广东四大名鸡。从省级产业园建设看,肇庆市封开县杏花鸡产业园在 2019 年第一轮成功创建杏花鸡省级现代农业产业园的基础上,2021 年又成为杏花鸡扩容提质现代农业产业园。本次调研团队走进粤港澳大湾区的农业大市——肇庆,探索肇庆市偏远县城——封开县杏花鸡省级产业园的扩容提质之路。图 4.10 为省级现代农业产业园、肇庆封开县杏花鸡。

摄影 李星穆

图 4.10 省级现代农业产业园、肇庆封开县杏花鸡

一、从广东四大名鸡看封开杏花鸡

在产值方面,四大名鸡产值芝麻开花节节高。作为广东四大名鸡之首的清远麻鸡,截至 2021 年,年出栏突破 1.28 亿只,年产值超过 65 亿元。封开杏花鸡种鸡存栏量 30 万套、年产杏花鸡苗 4000 万只,产业

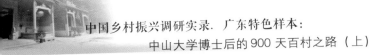
园年产值可达 20 多亿元。2021 年惠州胡须鸡，年鸡出栏数量达 1500 多万只，相关产业总产值已超过 9 亿元。信宜怀乡鸡养殖量约 700 万只，年产值约 9238 万元。相较而言，封开杏花鸡品牌价值和实际产值与同省其他品类鸡可以有第二名的称号。

在历史发展进程中，封开杏花鸡的历史比清远麻鸡还要悠久。杏花鸡已有 1000 多年的养殖历史，在清代，杏花鸡一直作为封开杏花镇当地向朝廷进贡的贡品。20 世纪 80 年代，杏花鸡年饲养量达 100 万只以上，杏花鸡主要分布在封开县境内，同时在江口镇和南丰镇有养殖基地。1995 年，杏花镇政府重新着力打造杏花鸡品牌建设，从政府层面建立起了对杏花鸡品牌的经营意识。1997 年，受禽流感影响，封开县杏花鸡大幅减产。1999 年，封开县政府在杏花镇投资 200 万元，建立了杏花鸡繁育中心，承担保种任务，并开始了杏花鸡的选育工作。封开畜牧局和县委农办培育了存栏种鸡 1.2 万只，年产杏花鸡苗 100 万只。2000 年，封开县政府号召全县集体带动杏花鸡产业发展，在政府层面有"百局扶百村，千干帮千户，村村养万鸡"的口号，人人都是杏花鸡产业的招商"服务员"，杏花鸡此时也远销越南等国。在企业层面，香港杏花源农业有限公司通过招商进入封开县杏花鸡产业，通过市场化行为让杏花鸡的市场价格翻了一倍。部分龙头企业的带动初步建立起了封开县杏花鸡的养殖走廊，杏花鸡产业呈现星星伴月的发展格局，县政府逐渐将杏花鸡产业园的经营主体交给龙头企业。2003 年受非典的影响，香港公司退出杏花鸡经营市场，已有杏花鸡育种鸡转接给其他杏花鸡经营企业，此阶段的杏花鸡养殖还是处于以"公司 + 农户"的小农养殖方式为主。2005 年，封开县本地的广远杏花鸡养殖专业合作社将原香港公司的 3000 只鸡苗保存下来，作为其创业的开端，后来广远一直致力于打造杏花鸡全产业链生产，提高杏花鸡的产品附加值，从 3000 只种鸡发展成现在 3 万只种鸡。杏花鸡取得了国家级无公害食品认证，又获得了"广东省名牌产品"称号。

在政府支持层面，2022 年 5 月 28 日，封开县在县农业农村局正式成立封开杏花鸡"12221"市场体系建设行动工作专班，积极推动杏花鸡总产值实现"四个十亿元目标"。其中包括：建设杏花鸡大数据平台专责组；组建杏花鸡产销和采购联盟专责组；实施全流程的品控管理，确保杏花鸡的品质和质量安全达标专责组；依托互联网策划等社会化营销和媒体的宣传推广专责组；杏花鸡"精深加工"和预制菜研发专责组；杏花鸡"六新"出口基地创建专责组；挖掘历史文化底蕴，推动"杏花鸡＋"融合发展文章专责组；杏花鸡粤菜师傅、电商营销培训，培育杏花鸡销售经纪人队伍专责组。以产业园整体管理为平台，加快推进建设封开县省级现代农业产业园，以杏花鸡为主导特色产业，项目计划总投资 20050 万元，其中使用省级财政资金 5000 万元，社会资本投入 15050 万元。辐射带动莲都、渔涝、河儿口、罗董、白垢、大洲、长岗等镇及居边区域开展杏花鸡养殖。

　　企业经营层面，杏花鸡产业园以五个龙头企业为主力军。广远、智诚、麦林、粤宏康等企业不断做大做强。2018 年初，广东麦林生态农业有限公司落户封开，将杏花鸡养殖与南药连起来，为杏花鸡助添了新的活力，并在杏花镇新和村投资建设牛大力标准化种植基地，专业从事以杏花鸡＋牛大力的养殖、精深加工、高端市场销售等工作。2021 年，广东粤宏康农业科技有限公司由四川省正鑫农业科技有限公司投资建设，养殖环节选址于封开县杏花镇。租赁土地 600 亩（约 40 万平方米），主要建设杏花鸡原种鸡场、商品蛋鸡场、肉鸡养殖场、配套饲料车间、有机肥厂，计划杏花鸡年出栏量 4000 万只，达产后年产值 6 亿元。图 4.11 为封开县杏花鸡省级产业园内的杏花鸡龙头企业。

图 4.11　封开县杏花鸡省级产业园内的杏花鸡龙头企业

摄影　李星穆

二、封开杏花鸡产业的发展瓶颈

1. 偏于一隅，没有走出地方市场

"出了封开县，在广州各大菜市场和小区都找很难找到售卖杏花鸡的卤菜店……"这是课题组在广州和封开两地菜市场进行杏花鸡终端渠道表现的调研所得。封开杏花鸡的销售终端市场没有系统地建立起来，市场份额较小。杏花鸡的主要销售市场为肇庆、梧州等周边地区市场，杏花鸡的销售渠道小众化，没有彻底打通粤港澳大湾区甚至全国的销售市场。由于杏花鸡的体重较小，主要是销往东莞、佛山、广州等地，作为酒店、月子会所、政府接待和高端小区的特供鸡。2021 年才逐步开始向香港市场供应冷冻杏花鸡。为应对供港澳禽肉需求，目前杏花鸡已经把产能拉到最高，2021 年平均每月对香港地区出货量稳定在800 吨左右，12 月出货量达 885.6 吨。但杏花鸡在广东的市场覆盖率和占有率都比较低。

2. 认知度不如清远鸡的群众基础，营销不如湛江鸡的 TOC 渠道

在消费者认知层面，封开杏花鸡的知名度不如清远鸡。清远鸡举全市之力量打造"清远麻鸡"品牌，近二十年来一直在珠三角进行强有力的宣传，获得了很好的群众认知基础。湛江鸡尽管产品质量不在广东四大名鸡的行列，但通过湛江人在珠三角开设湛江鸡餐饮连锁店的方式，在终端食客心目中积攒了一定的人气。而在 2000—2018 年近二十年间，封开杏花鸡在对接客源市场方面没有做足宣传和推广工作。封开县政府也举行了一些关于杏花鸡的宣传活动，像最近的有力举措有：为封开杏花鸡在广州塔上放置宣传广告，征集宣传口号、标语，举办杏花鸡厨王争霸赛等，但都只限于县域宣传渠道或者存在宣传受众面不广、宣传对象不对口等问题，且具体推广效应不显著。

3. 缺乏大型龙头企业带动

封开杏花鸡还没有完成市场化使命，目前正处于传统农业向现代农业转化升级、低端农业向中高端农业转化升级的初始阶段。杏花鸡产品的加工率、商品化率、品牌化率低，市场化整体落后与市场发育不平衡等问题突出。因此，升级市场引擎，用价值规律和竞争机制激活农业内

部动力，是下一步杏花鸡产业的发展目标。在企业层面，代表性企业缺乏互动合作。清远麻鸡拥有大规模的龙头企业，如温氏、天农、爱健康等，对产值贡献和农户带动的效果都相当明显，并且形成了从饲料到养殖，到初加工、深加工的全产业链。而封开杏花鸡的企业还处于培育阶段，未发育完成。广远、粤宏康、麦林公司等养殖公司在省级杏花鸡产业园建设中都处于零散的点，没有统一形成面的发展模式。在政府支持力度层面，中山市三角镇驻封开县渔涝镇，对口帮扶贫困村发展养殖杏花鸡，扶贫工作组因地制宜，通过"公司＋农户"模式，开展消费扶贫帮扶模式，但是中山的帮扶没有发挥中山销售市场的作用，杏花鸡在中山市场也没有显示度。新一轮对口帮扶封开是佛山市，应该主抓佛山的消费帮扶市场。

三、封开杏花鸡的逆袭之路

1. 全县聚焦一只鸡，持续性品牌宣传和推广

精准产业定位，把杏花鸡培育成封开第一农产品品牌。对标清远麻鸡，做广东名鸡的"五粮液"。在政府宣传手段层面，需要在高速路口等交通汇集路段架设大型杏花鸡广告宣传牌，提高封开杏花鸡品牌显示度。建议全县的杏花鸡公共广告品牌统一采用"借问靓鸡何处有，牧童遥指杏花鸡"的口号，加深当地居民、企业、游客和采购商的品牌印象。发挥广佛肇高速与粤港澳大湾区核心消费市场的连接优势，将封开杏花鸡品牌宣传深入粤港澳大湾区腹部，通过湾区各市的展销会和终端大型商超宣传封开杏花鸡品牌。在杏花鸡节事宣传上，需要特色化和高频率地开展一些杏花鸡的特色节事活动，号召全民参与，通过社群宣传提高杏花鸡的显示度。

在政府财政方面，需要透明公开省级杏花鸡产业园建设的经费花销情况和补贴标准。在上一轮省级产业园建设上，杏花鸡产业园项目计划总投资 20050 万元，其中使用省级财政资金 5000 万元，社会资本投入15050 万元，最终杏花鸡年饲养量达 100 万只以上。政府应该合理利用提质增效省级产业园建设经费，鼓励杏花鸡特色经营主体的建设，培养一批新型三产融合的杏花鸡企业和相关服务型企业。

2. 敢开先河，创新成立封开县杏花鸡农业控股公司，用市场化手段激活杏花鸡市场

封开杏花鸡产业的特点是缺乏大规模的龙头企业，基本为中小型企业，单靠这些企业按照企业自身战略自由发展，会错过很好的内需时机。除了给予本地龙头企业一定的扶持政策之外，封开县可以单独成立国有性质的"封开杏花鸡农业控股有限公司"，以此来整合省级现代农业产业园的资金，提供除了养殖外的集科研、育种、物流、交易和品牌功能，带动周边中小企业成长。该农业控股公司还可以进一步整合封开所有的农业资源，成为封开规模最大、实力最强的农产品科研、生产、供应和品牌营销平台企业。

3. 深化与高校合作，开发深加工杏花鸡系列

继续加强与华南农业大学、广东海洋大学、仲恺农业工程学院、华南理工大学等涉及育种繁殖、兽医防治、食品加工等科研机构的合作，在光鸡、冰鲜鸡、鸡肉罐头、鸡预制菜、鸡精、鸡肉休闲食品等系列进行多元化的研发和生产。采取周末专家的形式，邀请广州涉农高校科研工作者和硕士、博士研究生到封开进行产学研合作，以项目形式进行杏花鸡产业链各环节的开发和转化。

4. 与高要预制菜产业第一园进行全产业链联动，成为预制菜第一鸡

把握广东省人民政府重点支持广东预制菜发展的契机，利用邻近优势，加强与广东高要预制菜产业园的深度合作，将杏花鸡的销售方式从传统的整鸡售卖调整为多管齐下的产品多样化形式，特别是熟食加工的预制菜产品。发挥省级产业园的政策优势，在高要和封开两地设置杏花鸡预制菜研发中心、全产业链现场展示中心、营销中心、餐饮体验中心和研学旅游中心等多功能平台。

（作者：陆剑宝，见本书勒口。李星穆，广东省普通高校特色新型智库"粤港澳大湾区新兴产业协同发展研究中心"研究人员）

第四节 地方政府赋能乡村振兴实例
——新会陈皮产区调研实录

乡村振兴的基础是产业振兴，产业振兴的核心要素是挖掘在地特色资源。一些乡村在地特色产业打造上有排他性优势，如国家地理标志保护农产品。侨乡新会的新会柑和新会陈皮就是国家地理标志保护产品。在当地政府全方位的引导下，新会陈皮产区所覆盖的十几条乡村，通过农产品全产业链的打造，实现了共同富裕。

一、无序发展的新会陈皮种植产能低、效益差

1980—1990 年，新会柑的种植生产曾让部分新会果农走向富裕。然而，农民对市场缺乏判断能力，柑价高就蜂拥而上，柑价低就一哄而散，这种大幅度的起伏波动，严重危及产业的健康发展。再者，当时的新会柑产业链短，陈皮只是副产品，更缺乏产品化引导和综合利用的方案，导致该产业缺乏自我调节机制和缓冲能力。此外，由于新会柑种植发展迅速，对新会柑苗木需求迫切，导致乱育苗的现象较为普遍，加大了苗木管理难度，次劣带病苗木泛滥，导致了 20 世纪 90 年代初期的黄龙病大爆发。最终，市场上新会柑供过于求，柑贱伤农，加上黄龙病致使柑树枯萎，这令许多跟风种植的农民亏本甚至返贫，新会柑园随之逐渐衰败。1991—1997 年是新会柑橘产业的急速直滑期，年均萎缩面积近 2.3 万亩（约 1533.34 万平方米），从 1989 年的 14 万亩（约 9333.38 万平方米）锐减到 1996 年的 0.07 万亩（约 46.67 万平方米）。

二、政府指导下的新会陈皮产业集群化发展

1. 力保核心产区农业用地

2000 年后，随着新会的城市化与工业化发展，许多原来种植新会柑的农业用地转变为工业用地。新会区政府面临抉择——工业发展还是

农业用地保育，政府充分发挥智库力量，完善农业产业顶层设计与配套措施，组织科研团队深入调研，经科研团队研究后确立新会陈皮的核心产区为银洲湖一带。江门市新会区住房和城乡建设局、农业农村局通力合作，善用政策引导鼓励附近的乡镇村民（梅江、茶坑、天马、三江、双水）大面积种植新会柑。图 4.12 为新会陈皮第一产区天马村的种植园。

图 4.12　新会陈皮第一产区天马村的种植园
摄影　谭学轩

2. 引导企业"产学研"形成新会陈皮产业集群

新会政府为了坚守"广东三宝"（陈皮、老姜、禾秆草）不失传，支持新会柑农、新会陈皮企业联合起来，经新会区工商联（总商会）推动，成立了新会柑（陈皮）行业协会，围绕新会陈皮的生产、销售、科研和利益来进行全方位的产业设计与保护。此外，政府通过资源整合，巧用"高校＋企业"的模式促成以陈皮村、新宝堂、陈皮人家等一批企业为代表，与钟南山院士研究团队等多个科研团队的合作模式。从 2015 年起开展产学研合作，改变了新会陈皮传统以销售鲜果及新会陈皮为主的单一产品结构。在科研团队支持下形成小青柑茶、柑普茶、"三宝扎"、陈皮酵素、陈皮周边零食等陈皮加工产业集群。陈皮村进驻了 200 多家陈皮相关产品的零售企业，是国家级小微创业孵化基地（见图 4.13）。

图4.13 陈皮村进驻了200多家陈皮相关产品的零售企业，是国家级小微创业孵化基地

摄影 谭学轩

3. 重视农业知识产权保护

2006年10月，江门市新会区政府协同新会柑（陈皮）行业协会，经过不懈的努力，获得国家授予"新会柑"和"新会陈皮"两个国家地理标志。2020年7月，江门市人大常委会围绕新会陈皮道地性保护、品牌保护、传承发展、监督管理等方面建章立制，自主起草并公布实施了广东省首部针对单个地理标志产品的地方性法规——《江门市新会陈皮保护条例》。该条例以地方立法为新会陈皮知识产权、文化繁荣和产业规范发展护航。

4. 引导金融赋能"新会陈皮"，实现"知产"变"资产"

凡是被核准能使用地理标志及其商标的企业均可向相关银行申请贷款。近年来，新会政府先后投入2400多万元支持产业园建设，中国农业银行江门分行、江门农商银行等累计提供贷款15亿元，主要用于开展新会陈皮"政银保""陈皮助农贷""陈皮险"等，还为种植户提供"葵乡惠农贷"贴息服务。经由新会政府帮扶，经过健全的资质审核，新会农民不需抵押物就可以贷到50万元，合作社不用抵押物就可以贷到150万元，解决了陈皮产业中小企业因种植投入大、收益周期长、抗风险能力差等因素造成的流动资金不足、融资难等问题。

5. 搭建新会柑+新会陈皮大数据平台，助力智慧农业发展

实现对新会陈皮从种植、加工、仓储、销售全产业链的全方位监测，启动新会陈皮智慧仓储，最终输出新会陈皮产业大数据"产业一张图"和"监管一张网"。此外，结合乡村旅游精品线路和数字乡村发

展，该区实现了由单一产业支撑向一、二、三产业融合发展的转变，逐步形成生态、绿色、健康、富民的农产品全产业新格局。

三、地方政府赋能乡村振兴的经验启示

基于新会政府在引导服务新会陈皮产业发展从而实现乡村振兴和共同富裕的经验，本调研形成了以下四个方面的政策启示：其一，地方政府在推动乡村产业发展时，应秉持"行政＋组织"原则，通过宣传和培育产业链，从而调动各方参与主体的主动性和积极性；其二，政府相关部门应通力合作，注重特色农产品的市场需求，合理编排自然、人力、社会和经济等资源，深挖产业潜在价值；其三，政府和行业协会应结合地方特色、历史文化等优势，注意引导部分符合农村特点、具有比较优势的产业或企业向农村转移；其四，以现代农业产业园为抓手，鼓励企业与高校展开产学研合作，不断地壮大与延长农产品的产业链，推动农业品牌化发展。

（作者：刘金玲，澳门科技大学经济法博士、中山大学自贸区综合研究院博士后、广东省普通高校特色新型智库"粤港澳大湾区新兴产业协同发展研究中心"研究员。陆剑宝，见本书勒口）

第五节　谁知盘中餐：粮食安全与农民品行
——南雄丝苗米现代农业产业园调研实录

"粮食安全"可以称为 2022 年中央一号文件中的"一号文件"。"国以农为本，民以食为天"。习近平总书记更是提出，"粮食安全是'国之大者'"。由此可见，在新时期新形势下，国家重视粮食安全到达一个全新的高度。调研团队怀揣着"把报告写在大地上，把视野聚焦在粮食上"的初心，选择了全国以及广东省的"双料"产粮大县——韶关南雄市的丝苗米现代农业产业园作为调研对象。

韶关南雄市属于两山相夹的狭长盆地地貌，日照时间长，昼夜温差

大，水源品质好，有着著名的地方农耕特色——烟稻轮种的历史。基于得天独厚的条件，南雄市粮食产量高、质量高，牢牢地守住了粮食安全红线，牢牢地把饭碗端在自己手中。

一、撂荒地的无奈与政府的措施

1. 撂荒土地，外出打工实属无奈之举

韶关南雄位于粤北山区地带，素有"八山一水一分田"的说法。南雄两山夹盆地的地貌导致了南雄的农田并不完全平整，农田常常会被山路拦路截断，呈现出零碎化的特点。也导致难以推进机械化、大面积的种植模式，农户种植成本普遍较高。例如，无人机喷洒农药不能一次性全部喷洒完，而是要分多次地来喷洒农药，导致农户的种植成本提高。同时，机械化作业需要插秧机、拖拉机、收割机，这些机器耕作的前提条件是平整的农田和硬底化的道路，缺乏这些条件，机器难以直接开进农田来进行机械化作业，只能依靠农户的手工劳作。因为当地农田并不平整，平整一亩农田的成本需要 6000 ～ 8000 元，需要大量的财政资金投入，但上级政府每年给予南雄的农业补贴不足以将农田全部平整。而单纯依靠农户手工劳作来种植粮食成本又过高，难以保障收益。农户为了赚取更多收入，改善生活质量，不得已而纷纷选择外出打工。农村没有了青壮年劳动力，土地也就被撂荒了。

2. 农田缺水，影响粮食灌溉的稳定性

南雄位于山区，不靠近江边，无法从江边获取水源，主要依赖下雨来提供水源。但由于水源不稳定，来源单一，农田时常会发生缺水的情况，农户种植粮食"看天吃饭"。要让农业生产活动正常进行必须要大力发展灌溉农业，建造高标准农田，完善农业基础设施建设，建造农田水利设施。而建造这些农业设施，又需要大量的财政资金投入。以2021 年为例，南雄市政府共花费了 2277.35 万元来建设农田水利基础设施，但即便如此，每年划拨给南雄市的农业财政资金对于建造农田基础水利设施的费用来说仍然远远不够。由于缺乏充足的财政资金，导致种植基础条件不稳定，农户的种植信心也因此受挫。

3. 政府有力措施保障粮食复耕复种

2022 年的"中央一号文件"提出要保障 18 亿亩（约 1.2 万亿平方米）耕地红线，并要求各级政府要层层落实荒地复耕地，让耕地都能够种上粮食，以此来端牢中国人民的饭碗。然而，粮食种植容易遭受自然灾害，农民劳作辛苦，但收入回报往往不高。农民单凭一己之力无法去解决这种困局，而不解决这些问题，无法让土地留住农民。这就需要政府积极作为，通过政策和资金支持，培育职业农民和大规模种植，鼓励和支持土地不能连片的小农耕作模式。

针对农民种植粮食的难处，南雄政府发挥自己的职责作用，因地制宜地出台了一系列措施来保障农户粮食种植的积极性。政府工作者走进民间，下到田头，询问农民种植粮食的难处，掌握南雄的土地基本情况，获悉农民的心声。南雄自然资源局也积极配合开展工作，最新调查数据显示，目前南雄耕地总面积为 57.05 万亩（约 3.8 亿平方米），其中水田面积 45.81 万亩［含 2.12 万亩（约 0.14 亿平方米）水浇地］（约 3.05 亿平方米），旱地 11.24 万亩（约 0.75 亿平方米）。有 52.3 万亩（约 3.49 亿平方米）耕地被划为基本农田，粮食生产功能区面积为 25.82 万亩（约 1.72 亿平方米）。在希望的田野上，看到春耕，看到秋收，看到绿苗，看到小康（见图 4.14）。

图 4.14　在希望的田野上，看到春耕，看到秋收，看到绿苗，看到小康
摄影　陆剑宝

（1）层层落实工作责任。 推动粮食生产（含撂荒耕地复耕复种）"三包责任制"，将粮食生产任务进一步落实到镇挂点市领导、驻村镇干部及村干部身上。驻村镇干部和村干部是南雄乡村的基层单位，直接与种植粮食的农户对接，村干部倾听农户的心声，积极帮助农户解决生产中的难题和问题，帮助农户解决水源问题和农田不平整问题。将生产

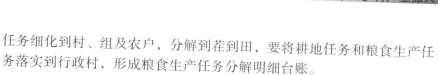

任务细化到村、组及农户，分解到茬到田，要将耕地任务和粮食生产任务落实到行政村，形成粮食生产任务分解明细台账。

（2）**强化督导检查**。由市委办、政府办、市纪委办、市农业农村局等部门联合组成6个专项检查组，每季度对保障粮食生产等工作进展情况进行检查，确保每块农田都有农民种植粮食。通过持续强化督查检查，建立起撂荒地长期复耕机制，有效保障了南雄的撂荒地长期复耕。确保南雄市的基本农田都种植粮食，杜绝长期性成片撂荒地出现。

（3）**加强政策扶持**。制定出台了粮食生产奖补方案（试行）（含撂荒耕地复耕复种、粮食种植奖补），统筹1007万元财政资金支持奖补政策落实。粮食生产奖补政策包括种植40亩（约2.67万平方米）以上早稻奖补100元/亩、大豆奖补50元/亩；早稻全程社会化服务奖补100元/亩；水稻机械插秧作业奖补50元/亩。采取长期复耕机制，一亩奖补500元，按照300－100－100共分为三年发放补贴，鼓励农户种植撂荒地。通过出台奖补政策，统筹其他政策资金加大支持，采取撂荒地复耕种粮、恢复双季稻种植、果园套种大豆等方式，实现2022年早稻种植面积增加0.86万亩（约573.34万平方米）、大豆面积增加0.11万亩（约73.33万平方米）、玉米面积增加0.19万亩（约126.67万平方米）。

通过采取强有力的措施，保障了粮食的复耕复种。南雄政府统计数据显示，撂荒耕地面积为4.59万亩（约3060万平方米），撂荒地的可复耕面积为3.56万亩（约2373.35万平方米），不可复耕面积为1.09233万亩（约728.22万平方米）。经过强有力的一套组合拳，目前全市已经完成复耕复种3.03万亩（约2020万平方米），其中2021年复耕完成2.39万亩（约1593.34万平方米），计划于2022年9月前全面完成复耕复种。目前，绝大多数复耕复种的撂荒地都种植上了大豆和玉米。

为响应国家和党的号召，贯彻一号文件提出的要求，南雄市政府在处理撂荒地的问题上，不满足于短期的复耕复种，还将采取进一步的措施，建立长效复耕复种机制。已经出台了《南雄市粮食生产奖补方案（试行）》，统筹整合了涉农资金555万元支持撂荒耕地复耕复种，按照"第一年300元/亩、第二年100元/亩、第三年100元/亩"的补贴标准，分三年度给予奖补，以期更好地激发各方参与撂荒耕地复耕复种的积极性。同时，南雄市还拟定了《南雄市推进农业产业发展扶持方案（试行）》，统筹整合财政 722 万元，对符合扶持条件的农业新型经营主体，特别是利用撂荒地发展特色产业的经营主体给予奖补扶持。在市政府的努力下，共有 8 万多户农户在田间地头耕作，挥洒自己的汗水，保障粮食安全。为了让中国人把饭碗牢牢端在自己手上，丝苗米产业园做出了自己的努力和贡献（见图 4.15）。

图 4.15　为了让中国人把饭碗牢牢端在自己手上，丝苗米产业园做出了自己的努力和贡献

摄影　谭学轩

不仅如此，南雄市在粮食种植方面也取得了显著的成绩。2022 年，韶关市对粮食生产大县的南雄市，下达了粮食生产面积任务 52.267 万亩（约 3.48 亿平方米）、粮食产量指标为 20.72 万吨的任务。遵循"留有余量、稳中有增"的原则，南雄将 2022 年粮食生产目标任务定为"总面积 52.4 万亩（约 3.49 亿平方米）、总产量 20.78 万吨"，比韶关市下达的粮食任务还多 0.133 万亩（约 88.67 万平方米）、0.06 万吨。南雄市以只占韶关市 1/4 的耕地面积，完成了韶关市 1/3 的粮食种植任务，并且连年完成种植粮食指标任务，充分体现了粮食安全的"南雄担当"。

二、科技种植与粮食价值

"谁知盘中餐，粒粒皆辛苦。"一句形象生动地道出了粮食种植的艰辛。经过多年农人的坚持，如今中国人已经牢牢地端好了自己的饭碗。人民也从以前的"吃得饱"转向为"吃得好"，粮食安全、粮食品质显得更为重要了。从田间到餐桌的过程中，要保证每一口进到嘴里的食物都是安全可靠的。粮食种植的科技化和绿色化都是一个大趋势。农业要向着科技农业发展，用科技来种植粮食，提升粮食品质和附加价值。南雄在科技种植粮食、发展生态农业等方面正在做出自己的努力。

南雄市丝苗米现代农业产业园是广东省 2018 年第三批现代农业产业园，由广东新供销天润粮油集团有限公司牵头，广东金友米业股份有限公司等 11 家主体共同参与实施。截至目前，共完成投资 3.52 亿元（5000 万元财政资金、1.89 亿元县级配套、1.13 亿元企业自筹），主要建设 1 个助农服务体系，兴建冷链仓储物流和电子商务 2 个中心，兴办烟（油菜）－稻轮作基地、绿色生产基地和农旅结合基地三大基地。丝苗米产业园用科技给农业发展插上翅膀，助力农业发展。图 4.16 为南雄市丝苗米现代农业产业园，为大湾区市民提供品质保证的"米袋子"。

图 4.16　南雄市丝苗米现代农业产业园，为大湾区市民提供品质保证的『米袋子』

摄影　谭学轩

1. 打造"科工贸"一体化的省级丝苗米现代农业产业园

丝苗米现代农业产业园通过土壤改良及农田基础设施改造升级，实行育秧、耕种、施肥、防治、收割、烘干"六统一"标准化生产。采用烟－稻轮作、菜稻轮作、"虾稻共养"等种植模式打造丝苗米核心种植示范基地。投资 200 万元建造了烘干机组，有 4 个烘干舱，每个烘干舱的容量是 30 吨，一天可以烘干大约 120 吨粮食。产业园为保障粮食安全做出了自己的努力，产业园收购的粮食分为两部分，一部分烘干储存作为储备粮，剩下的粮食作为商品粮流入进市场，确保粮食市场的安全。图 4.17 为南雄市丝苗米现代农业产业园的粮食烘干中心，采用科技烘干方式，省时省力高效优质。

图 4.17 南雄市丝苗米现代农业产业园的粮食烘干中心，采用科技烘干方式，省时省力高效优质

摄影 谭学轩

2. 用科技种好粮

投资 8000 万元，新建集大数据中心、粮食收储仓库、粮食烘干平台、低温冷藏库及农资配送中心于一体的现代丝苗米产业生产园区，彻底打通生产、烘干、储藏、加工、营销等各个环节，促进丝苗米产业三产融合发展。丝苗米产业园采用科技育秧，提升了秧的质量，改善了秧的品质。丝苗米产业园将秧分发给农户，交由农户去种植。稻谷成熟后，产业园按照不同的品质标准来收购农户种植出来的优质丝苗米。丝苗米产业园用农机来种植粮食，提高粮食种植效率，提高粮食产量，粮食的质量也伴随着农机作业而提升。产业园有 11 台拖拉机、5 台收割机、7 台插秧机。组成农机队，帮助农户种植粮食。迄今，丝苗米产业园提供农机打田、育秧、插秧、收割服务 6700 亩（约 446.67 万平方米）；提供稻谷烘干服务 3.78 万亩（约 2520 万平方米）；实施病虫绿色防控技术应用面积 10.76 万亩（约 0.72 亿平方米）；推广社会化服务 11.5 万余亩（约 0.77 亿平方米）。农户可以选择由农机队全程托管来耕种，有四五十台无人喷洒无人机在高空中进行精准喷洒农药和化肥。通过机械化种植粮食，保证平均亩产 400 千克以上。

3.打造粮食品牌，提升粮食价值

园内集聚了"金友""香溢珠玑"等一系列名优农产品品牌，并新增培育了"粤友粮""天润珠玑"等品牌，其中获得"粤字号"品牌认证的有 10 个，获得"两品一标"认证的累计达 17 个。南雄粮食产区的粮食品牌也受到了不同地方的认可。如江西花钱购买南雄丝苗米作为配方米；从东莞来韶关的帮扶干部，一定要带走的南雄特产就是南雄丝苗米。通过打造大米品牌，丝苗米的售卖价值会比散户种植的粮食高出不少，丝苗米产业园以正常的市场价格来收购农户种植达到标准的丝苗米，通过粮食品牌将其售卖出去。丝苗米产业园通过粮食品牌实现溢价，农户也能通过种植粮食获得稳定的收益，达到"双赢"的局面。不仅如此，马坝油粘米也在南雄重生。韶关武江区之前种植马坝油粘米，马坝油粘米吃起来比普通的稻米更香，成为韶关大米的一张响亮名片。但由于曲江区的工业化进程和土壤生态等影响，曲江区的马坝油粘米转移到条件更为适宜的南雄来种植，马坝油粘米在南雄重获新生。当然，根据调研组研究发现，南雄乃至韶关的大米品牌较多，不利于韶关大米集体品牌形象的打造，建议韶关采用母品牌-子品牌的品牌伞方式进行全市大米品牌的统一。

三、生态农业与农民品行

20 世纪七八十年代，中国农民普遍存在这样的现象：交公购粮都是把最好的稻谷上交给国家；把最好的蔬菜卖给市民，自己吃被虫子咬过的。小时候长辈就有这样的告诫：做人要有良心，不能短斤缺两。这个时代的农户淳朴，对农业、对粮食、对人吃到肚子的食物都有着敬畏之心。把他人的健康放在第一位，坚守着农民的职业操守，用一颗淳朴的心来呵护粮食。农民是有信仰的，无条件服从党和国家的号召。随着粮食市场的放开，粮食也不可避免地加入市场竞争中，农民是否还能坚守初心，遵守种植的高尚品德？从"悯农"到"敬农"，农民品行是调研团队此次去南雄粮食产区的重点关注问题，调研团队下到乡间田头去采访南雄的农民。

1.因地制宜种植粮食

南雄两山夹盆地的地形虽然对平整耕作带来困难，但盆地地形又给南雄带来了较大的昼夜温差、日照时间长、水源品质好的有利农业生产条件。根据本地的自然资源禀赋，南雄有着烟稻轮作的传统。南雄的农户不会一年四季都种植稻米，而是上半年种植黄烟，农户收完割黄烟之后，在之前种植的黄烟的土地上播种下半年水稻。这样做有利于增加土地的肥力，促进稻米增产增收。按照这种模式种植出来的稻米产量比种两季稻米的产量还要高、质量更加好。在完成国家下达种植粮食任务指标的前提下，农民通过种植黄烟增加了农户的收入，激发了农户种植的积极性。不仅如此，南雄根据烟稻轮作的模式经验，正在积极探索不同旱作物水作物轮作模式，已经有"花生－水稻""生菜－油菜"轮作模式。我们相信，"旱作物－水作物"轮作的模式在南雄循环农产品种植链中将发挥出越来越重要的作用。图4.18为南雄特色的烟稻轮作，"化作春泥更护花"，腐化的烟叶烟杆是水稻最好的营养剂。

图 4.18 南雄特色的烟稻轮作，"化作春泥更护花"，腐化的烟叶烟杆是水稻最好的营养剂

摄影 陆剑宝

2. 精耕细作，呵护粮食

在国家提倡农业机械化的大背景下，农户保持着开放的心态，欣然接受采用机械来替代人工耕作。用机械来耕作粮食，节省了大量的劳动力，效率提高了不少，能够赚取的经济利益也更多。国内粮食耕作主体逐渐从散户向职业型农户转型。但在南雄还有这样一群农民，他们不使用机械来耕作，而是坚持精耕细作，亲力亲为，每天天还没亮就下到田间地头上拔草、除草，让自己的田里一株杂草也没有，像呵护自己的孩子一样种植粮食。这种做法可能让人觉得困惑，不理解为什么这批农户

不用机械耕种粮食，而是每天这么辛苦下去田里照料粮食，既辛苦又赚得少，更有人认为他们是守旧的。诚然，在当今时代下，精耕细作看起来是一件很傻的事情。但在大量的自动化种植背景下坚守之前的精耕细作，又何尝不是一种创新呢？对于他们来说，"守旧"即是"创新"。他们有着最淳朴的耕作观念，怀揣着对土地的热爱，保留着农民身上最淳朴的品质，一心只想种植出品质最好的粮食，让品质最好的粮食能够进入千家万户。当然，这些精耕细作的农民自然懂得只有最好的稻谷才能获得国有企业粮食采购商的青睐，从而能够卖出更好的市场价格。

3. 乡村情怀与土地之爱

调研组访谈到了两位职业农民。一位是从深圳返乡的大种植户。该种植户从小生活在南雄，长大之后离开南雄，前往深圳打拼，从事烟酒批发零售行业，有着不错的收入，并且在深圳安居乐业。基于浓浓的乡村情怀，他响应国家和党的种粮号召，放弃在深圳优渥的生活，回到南雄当一位职业农民。当调研组看到他时，他正准备前往田间去照料粮食。他热情地向调研组介绍了他的种植情况：流转承包300亩（约20万平方米）土地，雇佣当地30多名富余劳动力，雇用一个工人的成本是140元一天，人工种植一直持续了半个月。化肥施肥一亩就需要50千克，50千克的成本为210元，农药的成本为90元一亩。单笔算下来，种植粮食前期的成本投入为15万元。另外一位是广东供销集团旗下天润公司的丝苗米产业园的负责人，他从小生活在南雄的农村，有着童年的耕作经历，毕业后他选择进入南雄丝苗米产业园工作。以丝苗米产业园区为依托，为其他农户提供种苗、机械设备、技术指导、收购和后期加工，帮助农民顺利开展耕作工作。虽不亲自种田，但以另一种身份和另一个角度来种田。在南雄种植圈子内所映照出来的是职业敬畏和真诚质朴。在市场化的逐利风气下，南雄农民能够保持初衷，保持着对农业的敬畏之心，值得提倡。一心种植好粮食，保障粮食安全是南雄"新三农人"的乡村振兴底色。

（作者：陈旭东，广东省普通高校特色新型智库"粤港澳大湾区新兴产业协同发展研究中心"研究人员。陆剑宝，见本书勒口。张玉冰，厦门大学经济学博士，广东省普通高校特色新型智库"粤港澳大湾区新兴产业协同发展研究中心"副主任）

第六节　西瓜农产区的创新模式：
阳西县上洋西瓜产区"西瓜驿站"调研实录

　　截至 2022 年，广东的水果产量在全国排名第五，年产量达 1957.79 万吨。亚热带水果品种多，名气响。除了品牌显著的荔枝、龙眼、柑橘等大众水果以外，化州橘红、新会陈皮等果类制成的中药材，更是国家地理标志产品。粤东西北山区很多乡村通过水果种植走向了致富之路，如徐闻菠萝、信宜三华李、高州荔枝、郁南无核黄皮、连平鹰嘴桃、德庆贡柑等特色水果，对当地经济带动非常明显。在广东沿海的阳江上洋镇，西瓜产业从 20 世纪 80 年代初次试种到 2020 年达 2 亿元产值，上洋镇也一跃成为省级西瓜专业镇。调研团队通过走访上洋西瓜的主产区，解读其"西瓜驿站"的成功奥秘。

一、上洋西瓜的前世今生

　　西瓜素有"盛夏之王"的美誉，亦是需要农户挥洒汗水的水果。西瓜是上洋镇的代名词，这个三面环山、一面环海的镇上有甜王、麒麟瓜、黑美人等多优质品种西瓜。这样大的专业规模，不仅依靠独特的地理环境和气候条件的孕育，还得追溯到 20 世纪 80 年代的一个新机遇。双鱼城村一农户首先在上洋尝试种植西瓜，成功后逐步带动其他村民种植。而上洋西瓜产业得以真正发展起来，更是离不开曾在任 32 年的好支书李雁等人的大力推动。1982 年，他凭借在生产队种西瓜的经验，用扬声喇叭召集村民们分析当地双鱼村的地域优势，鼓励村民一起种植西瓜。双鱼村不仅靠海，土壤富含腐殖酸和钾元素，气候适宜，三面环山拒北风，全年基本没有霜冻。经历拦海造田运动，紧跟党走、思想开放、勤劳敢干的村民们被发动起来，后来还得到了当地党委政府的高度重视，大力调整农业产业结构，以市场为导向，因地制宜，围绕"山、海、田"三条经济带做了布局调整，积极发展"一村一品"生产。

　　经过 30 多年的探索，上洋镇 55% 以上的农户都种有西瓜，并熟练掌握了嫁接栽培技术和生产管理技术，种植面积由原来的 3000 亩（约

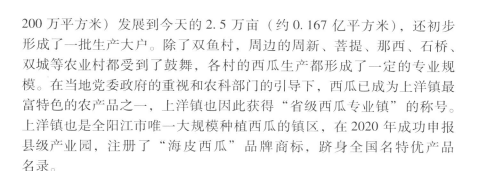

200 万平方米）发展到今天的 2.5 万亩（约 0.167 亿平方米），还初步形成了一批生产大户。除了双鱼村，周边的周新、菩提、那西、石桥、双城等农业村都受到了鼓舞，各村的西瓜生产都形成了一定的专业规模。在当地党委政府的重视和农科部门的引导下，西瓜已成为上洋镇最富特色的农产品之一，上洋镇也因此获得"省级西瓜专业镇"的称号。上洋镇也是全阳江市唯一大规模种植西瓜的镇区，在 2020 年成功申报县级产业园，注册了"海皮西瓜"品牌商标，跻身全国名特优产品名录。

二、上洋西瓜产业发展的一些不足

1. 公路两边集散售卖带有隐患

西瓜产业给上洋镇带来大规模经济发展机遇，以往每逢西瓜丰收季节，瓜农们便在路边摆摊售卖，上洋镇的许多街道不是人潮拥挤，就是西瓜遍地，后来也因而被称为"西瓜大道"，但同时也造成了交通堵塞和通行的安全隐患。

2. 缺乏规范化、规模化和标准化生产

西瓜冬春种植，受天气影响较大，生产种植规模小，种植散户较多，主要以一家一户家庭式生产，缺少龙头企业带动。栽培过程中缺乏统一的标准化技术指导，未能实施栽培技术规范化、生产规模化和产品标准化，产出西瓜品质差异较大。一些瓜农只注重瓜的大小和产量，而忽视了瓜的品质，优质的中小型西瓜及无籽西瓜的种植面积偏少，缺乏市场竞争力。

3. 品牌保护意识不足

近几年，一些商贩在收瓜过程中没有严格把关，个别农户品牌意识不强。产量上增加了，质量上却跟不上去，造成收生瓜、劣瓜的现象，对上洋西瓜品牌形象造成很大冲击。据调研组了解，上洋镇周边其他曾经以种植西瓜为主打产业的临近镇也有过一时的风光，但村民只看到了西瓜产业带来的短期经济收入，不以西瓜区域品牌发展和声誉为长久之计，为了赚钱而提前将瓜卖出。不注重农产品质量和标准的后果，就是该镇的西瓜产业逐渐失去竞争力。

三、上洋西瓜产业的一些发展措施

近年来，阳西县和上洋镇政府邀请相关高校教授到镇、村举办西瓜栽培技术培训，推进西瓜嫁接、西瓜地膜覆盖、生物防治技术、微生物菌肥应用技术和抗重茬生产技术，使西瓜品质得到改良优化。

同时，对口帮扶工作队也致力于解决摆摊的安全问题，助推上洋西瓜产业进一步发展。双鱼村结合良好的西瓜产业基础，利用帮扶资金建设了西瓜驿站，此举也得到村民们的大力支持，53 户村民无偿贡献了土地。2022 年 5 月，随着西瓜驿站的投入使用，西瓜销售的"地摊经济"结束，上洋镇的"西瓜大道"也成为历史。

上洋西瓜能发展至今并保持良好口碑，得益于瓜农们的坚持不懈以及政府的大力扶持和推广。通过产业园建设，加快种植技术推广普及，为上洋西瓜生产健康发展提供保证。以技术为依托，逐渐淘汰一批常规落后品种，积极推广高产优质的西瓜品种，引进新品种，达到品种优化，并引导西瓜种植大户向大棚栽培方向发展。

四、上洋西瓜产业的创新模式——西瓜驿站

双鱼村是上洋西瓜产业基础最好的区域，其中双鱼村汶头垌还是省级西瓜种植基地，这是西瓜驿站设置于该村的契机。西瓜驿站投资 350 万元，占地面积近 6000 平方米，是展、销、游一体的联农带农项目。西瓜驿站的建设对农户有三方面的帮助：一是提供 29 个商铺给农户集中摆卖西瓜等农产品和海产品，不仅有效破了解农民卖瓜难的问题，使西瓜销售更加规模化、更有档次。二是拓宽了销售渠道，西瓜驿站建有青年创业中心，通过电商平台把西瓜销售到全国各地。三是方便引进西瓜优良品种，提升上洋西瓜的品牌价值。目前西瓜驿站项目在省、市、县等媒体已被多次报道，阳江市委、市政府，县委、县政府主要负责同志也到西瓜驿站调研并给予充分肯定。西瓜驿站建好后，由双鱼村委会负责运营，每个档位收取一定租金。这些租金作为村集体收入，用于驿站的日常运营和维护。图 4.19 为西瓜驿站，是一种农产区创新模式。图 4.20 为西瓜主题的游客、村民合二为一的活动舞台。

图 4.19　西瓜驿站，是一种农产区创新模式
摄影　谭学轩

图 4.20　西瓜主题的游客、村民合二为一的活动舞台
摄影　谭学轩

　　西瓜驿站通过电商平台把上洋西瓜销售到全国各地，拓宽了上洋西瓜销售渠道，解决了原来西瓜主要靠外地收购商和本地中介收购的单一销售渠道问题。每亩西瓜盈利从 2021 年的 4800 元到 2022 年的 6000 元左右，农户收益增加 25%，每年给双鱼村增加约 4 万元的集体收入。

　　西瓜驿站不仅具备农产品展销、推介等业务功能，还将乡村旅游和休闲农业结合在一起，搭建了西瓜栈道、品瓜凉亭、演艺舞台等乡村旅游基础设施。驿站内销售摊位还设有海产品、土特产销售点，能够让"吃瓜群众"在驿站吃好、玩好、买好。在去往西瓜驿站的路途中，道路两旁都设有数十家西瓜合作社，一辆辆三轮车满载西瓜而来，将优质的西瓜运到每个合作社打包装箱，再运往河南、河北等省外地区。图4.21 为上洋镇西瓜大道旁的"西瓜合作社"据点之一。

图 4.21　上洋镇西瓜大道旁的"西瓜合作社"据点之一　摄影　谭学轩

五、进一步发挥西瓜驿站潜能的措施

西瓜驿站建设是上洋西瓜产区的转折点。调研团队在走访过程中，发现西瓜驿站尚有许多未被开发利用的空间。驿站建成时间较短，还未体现出明显的联农带农效果。下一步可以西瓜驿站为核心，发挥西瓜驿站的带动功能。

1. 突出西瓜品牌元素

以西瓜驿站为核心特色发展一、二、三产业融合的乡村振兴项目，通往西瓜驿站的道路两旁的路灯柱应涂有西瓜专属的红绿配色和瓜子图案元素，给途经的游客加深视觉印象，形成西瓜特色风貌带。

2. 增加游客与西瓜特色文化的互动

在西瓜驿站举办西瓜文化游、亲子游，将上洋西瓜的发展缘由及文化结合在乡村游当中。西瓜栈道应让游客能够由上而下地观赏西瓜地，需在栈道上展现出西瓜的一生以及在上洋镇发展至今的历史文化。要充分利用西瓜地组织亲子活动，如摘西瓜、滚西瓜等与西瓜互动的游戏，

让青少年在游玩过程中不仅能享受快乐，还能收获知识。

3. 与双鱼村的旅游元素联动

双鱼村的房屋建筑都有历史文化输出和渔船、双鱼的涂鸦元素，这也使其成为旅游打卡点。而西瓜起源于双鱼村，应利用双鱼村的旅游实现联动发展。在双鱼村进行西瓜发展的特色输出，应设一条从村内前往西瓜驿站并充满西瓜元素的必经之路，延长游客停留打卡拍照的时间，同时让双鱼村和驿站更好地衔接，打造新时代的"西瓜大道"。

4. 与沙扒镇跨镇联动

沙扒镇与上洋镇相连，拥有沙扒湾旅游风景区，但是由于海岸线较短，游客逗留时间较为短暂。应从沙扒湾海岸线开发出到上洋西瓜专业镇的自驾游旅游路线，延长沙扒湾游客的旅游时间，丰富旅游产品供应。由于沙扒湾的旅游旺季为夏天，刚好与西瓜的成熟期相匹配，上洋镇可以通过举办西瓜主题的文旅活动，分享沙扒湾溢出的旅游客源。

（作者：谭学轩，广东省普通高校特色新兴智库"粤港澳大湾区新兴产业协同发展研究中心"研究人员。陆剑宝，见本书勒口）

第七节　省级现代农业产业园的运营模式
——阳东对虾产业园调研实录

阳江市是广东省的渔业大市，而阳东区则是阳江市渔业的核心区域。阳东区位处阳江市东南部，南面临海，优越的地理位置和气候条件助力了海水养殖业的蓬勃发展。渔业是阳东区乡村振兴的重要抓手，而对虾养殖是阳东渔业的重要支撑部分。调研团队走访阳东对虾产业园，了解阳东对虾产业发展的特色，了解阳东对虾产业园发展的现状，最后提出相应的建议对策。

一、阳东对虾省级现代农业产业园的发展现状

1. 由家庭作坊迈向规模化

对虾养殖产业是阳东区的传统优势行业，对阳东经济发展推力巨大。20 世纪 80 年代初期，阳东是全国最早一批开始围海养殖对虾的。90 年代开始，养殖对虾是家庭作坊模式，呈现零散的特点，不仅要看天吃饭，而且规模较小，赚取的利润不多。养虾大多依靠老一辈人传承下来的经验，无法做到科学、合理、有效，甚至还因此污染了环境，导致养殖难以为继。2019 年，阳东区开始围绕"推动跨越发展、建设对虾养殖强区"的发展目标，在大沟、东平、雅韶、新洲四镇启动对虾现代农业产业园区建设，累计投入资金 7000 多万元，基本解决了园区的基础设施建设，将过去单兵作战的对虾养殖户集中到产业园中，使养殖统一化、规模化、规范化。目前，对虾产业覆盖率达到 50% 以上，已建成能够满足加工原料需求的养殖基地，形成了对二、三产业的有力支撑，农产品加工业产值（二产业）与农业总产值（一产业）比达到 2.5∶1。产业园对虾产业年总产值达到 31.23 亿元，主导产业产值占农业总产值的 68.85%。

（1）本地龙头企业进驻产业园。产业园引进当地养殖对虾的龙头企业入驻，现有新鸿发、南湾水产等多家，形成了较好的带动效应。产业园内有农业企业 59 家，比创建初期增加了 6 家，新型渔业经营主体经营面积占比稳定在 90% 以上。图 4.22 为三丫渡养殖场，是阳东对虾产业园的龙头企业之一。

（2）打造对虾全产业链。产业园致力打造"生产－加工－冷链－营销"的全产业链，新建成对虾加工中心 7000 多平方米，新增采收、加工、物流等装备 5 套及大型成套加工生产线 7 套，新建冷库 2 个，增加库容 10000 立方米，新增年加工水产品 790 吨以上；在对接批发市场、商超等传统渠道的基础上，产业园内各实施主体及养殖大户积极与叮咚买菜、盒马鲜生等电商平台对接，拓展电商销售渠道，实现线上线下融合。建成农产品加工营销展示中心 2350 平方米及旅游特产风情馆 550 平方米，打造农产品品牌展示窗口，带动特色农副产品展示销售和休闲旅游发展。

图4.22 三丫渡养殖场，是阳东对虾产业园的龙头企业

摄影 陈旭东

之一

（3）对虾产业发展成效。 如今，产业园对虾产业年总产值达到31.23亿元，主导产业产值占农业总产值68.85%。完成对虾高位池养殖改造280亩（约18.67万平方米），建成工厂化循环水健康养殖示范基地560亩（约37.33万平方米），搭建养殖设施大棚310亩（约20.67万平方米）。增氧机、水质监测、投料、视频监控、鼓风机、变压器、检测设备、配套用房等设施设备齐全，技术装备水平明显提升；产业园内6个对虾养殖示范基地已全部正式投产，亩产量均在2500千克以上；带动周边农户发展对虾规模化养殖3万亩（约2000万平方米），对虾总产量约3万吨。

2. 由传统发展模式迈向数字化发展模式

（1）与高校科研机构合作。 产业园与中国水产科学研究院南海水产研究所、广东省现代农业装备研究所、广东省海洋工程职业技术学校、阳江市水产技术推广站等科研单位展开紧密的产学研合作，不断加强科技创新，积极引进水产品加工干燥设备、养殖场尾水处理水质的实时监测和设备远程联动控制的一体化设备，对虾工厂化循环水高效生态养殖技术在产业园区内普遍推广。同高校、科研机构合作之后，产业园运用卫星影像分析、大数据处理、多光谱监测模型、数值气象预报模型等先进技术,构建"空-天-地"一体化园区农业管理大数据平台,对产业大数据、投入品管理、农业生产设施控制、水质监测、对虾产品质量追溯、农业电子商务等内容进行整合与集成开发,全面提升数字化服务与应用能力。

（2）**高科技养殖**。产业园用智能和科技为养殖对虾赋能,进一步扩大了产业规模。新鸿发水产公司建立了两个标准化养殖车间,实现了不受天气影响、水质可控、减少病害、提升品质等成效。南湾水产以现代微生物技术（生物絮团）为基础,运用三阶段跑道式养殖池设施和高效循环水处理技术,养殖密度高、零排放、饲料系数低,可实现在线实时监控、智能化调控与投饵,水循环利用率达90%,轻松帮助企业实现稳定年产8造对虾,单产5千克/平方米以上。图4.23为现代化对虾养殖场,正在养殖高品质对虾。

图4.23 现代化对虾养殖场,正在养殖高品质对虾

摄影 陈旭东

（3）**数字化管理对虾养殖**。产业园引入外部机构构建对虾数字化管理基础和发展对虾数字化管理模式,委托第三方团队在走访调研、评估产业现状、分析论证项目技术可行性以及经济合理性的基础上,同外部机构和高校科研团队合作,开发主导产业新产品5种,应用工厂化循环水养殖、尾水处理、干品设备新技术3项。图4.24为广东鼎元数字循环养殖系统,提高了对虾养殖的产业效益。

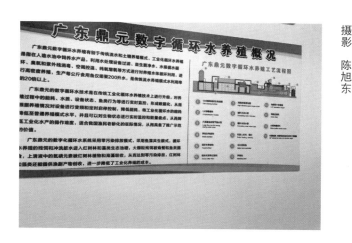

图 4.24 广东鼎元数字循环养殖系统, 提高了对虾养殖产业效益

摄影 陈旭东

3. 产业园三大模式助力农民迈向共同富裕

阳东对虾产业园的建设带动当地相关农户 1231 户, 产业园内农村居民人均年可支配收入达到 2.43 万元, 比当地平均水平高出 15% 及以上。引领带动当地农业经营体系、生产体系、产业体系转型升级, 提升农业质量效益和竞争力, 通过三大助农模式助力养殖户迈向共同富裕。

(1) 订单 + 标准 + 培训合同模式。 政府给产业园搭台, 全面推行"订单农业"。农户与龙头企业签订购销合同、明晰责权, 实行合同保护价收购, 当市场价格高于合同价时, 收购价格随行就市。产业园对虾养殖订单率达到 50% 以上, 带动 1000 多户农户增加收入近亿元。

(2) 企业 + 养殖户 + 培训 + 就业流转聘用模式。 龙头企业通过流转农民土地或养殖水域滩涂, 农民在获得流转金的同时, 可以在基地从事对虾养殖, 也可以进入企业务工。产业园适宜对虾养殖水域滩涂的流转率达到 55% 以上, 对虾全产业链发展带动农民常年务工和季节性务工达到 1 万人。

(3) 协会/合作社 + 农户服务协作模式。 龙头企业与农户共同组建阳江市阳东区大沟镇三丫村对虾养殖协会, 通过协会外连龙头企业和市场, 内连每家每户, 统一为农户对虾养殖提供技术服务、销售渠道, 构建"按股分红 + 利益共享 + 风险共担"利益联结机制。

二、阳东对虾产业园发展存在的问题

1. 散户获取专项资金支持较为困难

省级现代农业产业园的重要特点是有若干龙头企业的带动,专项资金也会落到龙头企业上,企业按照相应的出资配比进行技术、基础设施等投入。而基数较大的散户则无法获得专项资金的支持,难以扩大规模且需自行承担风险,难以调动自主性和积极性。只侧重数个龙头企业的支持,不利于培育小微农户做大做强,也会导致部分企业越来越富裕而散户收入却没有增加的尴尬局面。

2. 基础设施有待完善

产业园的基础设施建设不够完善,仍然停留在"看菜吃饭"的投入阶段,养殖户抗风险能力较弱。由于资金缺乏,对虾种苗繁育研发投入不足。养殖企业及农户需要去湛江等地引进虾苗,路程相对较远,运输条件难以得到保障,虾苗到本地后存活率下降明显且品控难以保证,影响产后经济效益。产业园的信息化管理水平不足,大型养殖场环境监控、水质监控及投料仍需依靠人工操作,水产品冷链仓储、加工、物流等基础设施短板也依然突出。

3. 对虾产业集聚效益不足

阳东对虾养殖散户及中、小型养殖场仍占大多数,对虾及水产品精深加工、仓储物流的龙头企业数量较少,仍停留在中小型企业扎堆发展阶段,同质化较为严重,容易产生价格竞争。阳东对虾目前并未打通全产业链,主要企业处于中游产业链,受制于上游研发门槛和下游的市场增值门槛。

三、阳东对虾现代农业产业园的发展建议

1. 专项资金支持龙头企业和散户并举

要让部分助农资金能够真正直接到养殖户手中。相关政府部门发放资金的模式可以适当优化调整。其一,基层公共管理人员要深入到基层中去,询问养殖户的资金困境,了解资金是否到农户手中,知晓助农资

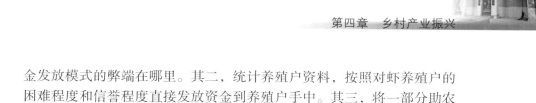

金发放模式的弊端在哪里。其二，统计养殖户资料，按照对虾养殖户的困难程度和信誉程度直接发放资金到养殖户手中。其三，将一部分助农资金变为助农保险，提高渔业保险的理赔率，降低养殖户购买保险的耗资。

2．完善对虾产业园的硬件建设

一是加大对虾种苗繁育能力建设，发挥龙头企业技术优势，鼓励企业建设区域性对虾种苗繁育基地。二是加大整合涉农资金投入，完善园区公共基础设施建设。三是加大先进适用技术的应用，引导实施主体应用先进适用技术扩大养殖规模，提升养殖场设施装备水平。

3．对虾产业从一产业迈向一、二、三产业品牌化联动发展

一是加大对虾二、三产业能力建设，进一步提升本地企业仓储、初加工、深加工、流通、销售的能力。二是积极培育省级、国家级龙头企业和科技示范企业；积极利用国家级中心渔港东平渔港优势，打造对虾产业集群；积极支持渔业加工企业发展对虾预制菜，争取使其成为"漠阳味道"的重要组成部分。三是通过节事活动和媒体报道等渠道，重点提升阳东对虾的公共品牌影响力。四是渠道端和销售端要支持流行的传播模式和带货模式，拓宽对虾的销售渠道。

（作者：陈旭东，广东省普通高校特色新型智库"粤港澳大湾区新兴产业协同发展研究中心"研究人员。陆剑宝，见本书勒口）

第五章 城 乡 融 合

第一节 村落特色文化促进城乡融合
——清远佛冈陂角村的实地调研

　　陂角村位于清远市佛冈县汤塘镇，是国家城乡融合发展试验区广东广清接合片区的一条名村，也是佛冈县乡村振兴建设中的乡村风貌带规划范围之一，与汤塘的温泉出口所在的汤塘村、陂头村共同构成长条形的带状分布，而在这条政府规划建设的风貌带中，以陂角村发展最为成熟。陂角村发挥在地化自然资源和旅游资源，塑造具有历史底蕴的人文元素，打造广东具有代表性的美丽乡村。本调研以陂角村的城乡融合实践为例，探索乡村人文要素如何促进城乡高质量融合。

一、陂角村特色文化现状

　　陂角村是汤塘镇新塘村委会下辖的自然村，共 80 户 301 位村民，村庄面积 0.15 平方千米，集体土地（含山地、耕地）331.07 亩（约22.07 万平方米）。坐落在广东省清远市佛冈县汤塘镇潖江河和四九河两条河流交汇处，与汤塘镇仅一河之隔。汤塘镇地处佛冈县南部，毗邻从化区、花都区、珠三角地区，对广佛莞深地区人员来说交通便利。从广州珠江新城驾车到陂角村约需 70 分钟，106 国道贯穿全镇，大广高速、京珠高速、汕湛高速在汤塘都有出入口。此外，陂角村邻近广佛（佛冈）产业园，工业园的建成为陂角村村民提供了更多的就业机会和旅游收益。

　　陂角村是一座始建于明末时期的特色岭南文化古村落，蕴藏着丰富的岭南围屋群建筑文化资源，现仍保存相对完整的历史建筑，含"余庆里牌坊"、周敦颐的"爱莲说"书法、清廉文化墙、爱莲书室等，也有周奋将军故居这一红色景点。另外，陂角村是广东省首批文化和旅游特色村，曾作为 2018 年全国乡村春晚百县联盟的广东分会场。陂角村2016 年成功创建美丽乡村特色村；2018 年入选"清远十大美丽旅游乡村"，并成功被推荐成为全国乡村春晚活动会场之一；2019 年入选"广东省首批文化和旅游特色村"；2021 年作为乡村风貌示范带建设核心，创建美丽乡村生态村。图 5.1 为保留完整的陂角古围屋建筑群，除了流淌着岁月的痕迹，更是乡村文化旅游的重要载体。图 5.2 为陂角村，是一座始建于明末时期的特色岭南文化古村落，现仍保存相对完整的岭南特色围屋群。图 5.3 为陂角村 2018 年全国乡村春晚广东分会场的举办地。

图 5.1　保留完整的陂角古围屋建筑群，除了流淌着岁月的痕迹，更是乡村文化旅游的重要载体

摄影　陆剑宝

图 5.2　陂角村，是一座始建于明末时期的特色岭南文化古村落，现仍保存相对完整的岭南特色围屋群

摄影　洪迎秀

图 5.3　陂角村 2018 年全国乡村春晚广东分会场的举办地

摄影　陆剑宝

1. 名人文化

陂角村人杰地灵、民风淳朴，历代人才辈出。根据《汤塘周氏族谱》记载，周氏始祖为北宋理学家周敦颐。著名抗日名将兼特级书法家周奋于 1919 年 6 月在陂角村出生。1935 年 3 月，周奋在广州广雅中学读书期间参加革命，积极参加抗日救亡运动，后奔赴延安。新中国成立后曾任总参某部政治部副主任，解放军外国语学院副政治委员等职。1955 年 9 月，周奋被授予上校军衔。2010 年，周奋故居被列为佛冈革命史迹。

2. 书院文化

根据《汤塘周氏族谱》记载，濂溪书院、爱莲书室是由宋代理学家周敦颐后裔创立的私整学堂，始建于宋朝时期。爱莲书室是乡村的幼儿教育场所，濂溪书院是用于青少年教育的学堂。历史资料记载，明清时期周敦颐后人在全国各地共建有 100 多间濂溪书院，对中国的教育做出了重要贡献。但是，由于历史的变迁，目前保存最完整的只有湖南汝城的濂溪书院和佛冈的潖江濂溪书院。在乡村里保留的濂溪书院和爱莲书室这两处基层教育体系的场所，极为珍稀，是传播宋明理学思想极其珍贵的历史文化古迹之一。民国时期，濂溪书院曾更名为兴学祠，曾是潖江地区、从化地区抗日游击大队的指挥中心。1949 年以后，更名为汤塘小学、汤塘中学。自 2003 年汤塘中学搬迁后，港江濂溪书院曾一度荒废。2015 年，陂角村当地村民和爱心人士前后自发筹集资金约 150 万元，动工修葺书院，并于 2017 年 8 月底修葺完成。

3. 诗歌文化

周敦颐的《爱莲说》等传统文化，以仁义传世、以孝德育人。陂角村在《爱莲说》诗歌文化的基础上衍生出"清廉文化"，赋予咏莲的诗歌以更多的文化解读。图 5.4 为周敦颐的《爱莲说》。

图 5.4　周敦颐的《爱莲说》　摄影　洪迎秀

4. 家训文化

通过传承周氏家训，增强对本村青少年的道德教育，增强子孙对宗族和清廉文化的认可和发扬。一：兄弟须互助、重感情、不相争；二：夫妇须相敬、同甘苦、不虚伪；三：长者需尊敬、重孝道、不疏远；四：幼辈须爱护、施教育、不姑息；五：读书须用功、永上进、不畏难；六：中文须发扬、勤修习、不懒惰；七：志气须豪迈、谋发展、不自卑；八：服务须尽职、忠职守、不卸责；九：做事须认真、干到底、不敷衍；十：实事须求是、持稳健、不虚浮；等等。图 5.5 为《周氏家训》。

图5.5 《周氏家训》

摄影 洪迎秀

二、特色文化乡村融入城市发展的路径

1. 建设特色文化美丽乡村，打造城市人的近郊旅游目的地

陂角村发挥邻近粤港澳大湾区的优势，在疫情常态化背景下，鉴于出国游和出省游的限制，重点发展省内游和市内游，重点发展乡村免疫旅游和亲子游，把自身打造成为佛冈亲子旅游的一张名片。陂角村从汤塘镇集散服务点出发，以"氡"温泉为核心，勤天、聚龙湾、熹乐谷等旅游度假村景区、民宿酒店，特色农产品、当地特色美食，形成了一条完整的温泉度假旅游线路。此外，陂角村整合周边农田和菜地，为广州市民打造若干家庭农场，带动佛冈"四小园"打造。陂角村还对佛冈著名景点和著名特产（清远鸡、乌鬃鹅、竹山粉葛、砂糖橘、豆腐等）进行整合营销，为粤港澳大湾区市民提供优质、可携带的"菜篮子、果盘子和肉案子"。

2. 政府连片规划，打造一、二、三产业和谐发展综合体

陂角村与周边村落形成"连珠成串"的美丽乡村风貌带，县政府、县委对此计划总投资5700万元，选取新塘汤盛大道、陂角自然村、汤塘上闸、下闸、陂头自然村、大埔定公塘自然村作为温泉古村精品路线进行重点打造。通过政府的风貌带改造，以"莲花"为旅游文化核心，

文化室、乡村春晚大舞台、莲池等构成了陂角村的旅游元素。每到盛夏，村内延绵 80 多亩（约 5.33 万平方米）的荷花美不胜收，不远处还有千年"氡"温泉古泉眼。

2021 年，广州市发展和改革委员会印发《粤港澳大湾区北部生态文化旅游合作区建设方案》，广州北和清远南将整合生态文化旅游资源，探索跨区域合作体制机制，打造大湾区北部生态文化旅游合作区。其中，自然康养发展轴则以温泉康养产业为纽带，整合从化、佛冈等地的温泉、绿道等生态资源，鼓励各温泉区差异化发展，打造温泉养生精品路线；挖掘温泉文化知识，引进专业的研学策划和运营企业，把汤塘美丽乡村风貌带（陂角－汤塘－陂头）三村联合打造成为"温泉研学小镇"，树立广东研学精品文旅教育品牌。图 5.6 为新塘陂角村，是佛冈县乡村振兴中重要的风貌带节点之一。

图 5.6　新塘陂角村，是佛冈县乡村振兴中重要的风貌带节点之一

摄影　陆剑宝

3. 党建基层文化建设

党建基层文化在陂角村得以传承，村内设有新塘村中心党支部党群活动中心，共有支部委员会 5 人，支部党员 46 人。2022 年根据建党 100 周年的主题，打造了党建示范回型步道，将党史学习与服务群众相

结合，展示了习近平总书记关于党史学习教育的系列讲话，同时组织开展主题党日活动、抗洪救灾、乡村振兴等工作，让党员群众学史明理、学史力行，展现了服务型党支部的党员风采。

4. 促进城市资本和人才有序进入，助力特色文化乡村发展

由于陂角村的前期改造和美丽乡村建设得到各级领导的重视，它已经初步具备成为"品牌乡村"的基础。下一步，应该把规模大、保留完整的围屋群进行激活，引进粤港澳大湾区的城市资本和人才，对围屋群进行"微改造"并进行后期运营，打造"温泉研学节事""佛冈豆腐节""清远鸡鹅美食节"等节假日品牌，增加乡村旅客人气，激活城市资本进入和人才集聚。同时，进行"三块地"和撂荒地改革，引进城市资本和策划人才，把陂角村与温泉口之间的荒地打造成大湾区城市田园风光样板。再者，引进专业的乡村营销团队进驻，以合作分成的形式，举办各类文化旅游活动和购物活动，以分成收入补贴乡村公共服务设施的维护支出。

综上所述，一些具有交通区位优势的乡村实现振兴是相对容易的事情。由于这些乡村临近大城市、县城或工业园，村民获得了更多的二、三产业就业机会。通过帮补留守老人和小孩，可以让村民的生活在总体上得到保障。这些乡村有一定的文化旅游资源，只要规划得当，就可以成为"网红村"，成为乡村振兴的典范。因此，发挥独有的在地化资源，塑造差异化形象，避免"千村一面"，是乡村"突围"的重要举措。

（作者：洪迎秀，广东省普通高校特色新型智库"粤港澳大湾区新兴产业协同发展研究中心"研究人员、办公室主任。陆剑宝，见本书勒口）

第二节　党建引领乡村振兴
——清远英德连樟村城乡融合的经验

城乡融合与乡村振兴战略息息相关，城乡融合的区域差异明显，各地区的城乡都有自己的特点，乡村振兴应因地制宜创建城乡融合体制机制，推动城乡融合。课题组通过对连樟村国家城乡融合示范样板的实地调研，总结出连樟村的样板经验。

连樟村地处英德市连江口镇东南部，全村现有人口 530 户 2417 人，有 17 个村民小组，共有党员 70 名（含预备党员 1 名）。连樟村原来属于贫困村，农业以梯田为主，大规模种植面积少，农业基础设施差，水渠缺乏，村民卫生意识较差、思想较为保守落后。

2018 年 10 月 23 日，习近平总书记考察连樟村时曾说，"乡亲们一天不脱贫，我就一天放不下心来"。2019 年 12 月，连樟村作为样板区纳入国家城乡融合发展试验区广清接合片区，在各级政府的引导和社会力量的精准帮扶下，连樟村 53 户 131 人全部实现脱贫。连樟村村民的内生动力被激发，主动寻找就业机会，改变了贫困状况，并且实现了家门口就业，有劳动能力的原贫困户家庭年人均收入达 22000 多元。正因如此，连樟村也连续荣获"广东省文明村""广东省十大美丽乡村""广东省乡村治理示范村"等称号。图 5.7 为雾霭朦胧中的城乡融合广清样板区——连樟村。

图 5.7　雾霭朦胧中的城乡融合广清样板区——连樟村

摄影　谭学轩

一、规划先行，高屋建瓴

根据《连樟村示范片振兴发展建设规划及连樟村村庄建设规划》，确定在连江口镇镇区、黎溪镇镇区以及两镇的九个行政村共 222 个自然村范围内（其中 17 个自然村在连樟村村域范围内），实行统一规划管理：构造"一核引领，两带串联，两镇协同，九村联动，示范带动，连片发展"的空间结构；按照"党建引领、城乡融合、区域联动、三产融合、乡村景区化"的发展策略，加强城乡基础设施一体化、交通标准化、城乡公共服务均等化，推动城乡要素合理配置；促进农民收入，提高村民生活质量，努力将连樟村建设为全国城乡融合发展样板区。

如今的连樟村干净整洁，房屋错落有致，实现了标准化管理。作为样板区，连樟村在探索城乡融合发展新路中，从政策规划、产业扶持、金融支持、劳动培训、脱贫工作等方面都有着鲜明的连樟标准和连樟特色。习近平总书记视察连樟村之后，党的领导示范效应初显，参观接待人数逐增。

二、突出党建示范引领作用，引领破解城乡二元结构

连樟村打造示范村、样板区，基层党组织带头示范作用至关重要。2018 年 10 月 23 日，习近平总书记在连樟村考察调研时指出，要加强基层党组织带头人队伍建设，注重培养选拔有干劲、会干事、作风正派、办事公道的人担任支部书记。连樟村党总支部下辖 5 个党支部，党员 70 名（含预备党员 1 名）。为了充分发挥党建引领作用，连樟村建立了连樟党校（乡村振兴学院），以乡村振兴战略和国家城乡融合发展为核心任务，开展"三农"人才、党政人才、村"两委"干部人才培训。连樟村建设党建示范的主要举措包括：高质量强化基层党组织建设、高标准建设党群活动阵地、高站位建设乡村振兴领导班子、高频率开展感恩奋进活动、高规格夯实强党保障机制。在拆除杂物房、猪鸡舍时，在党总支部的带领下，党员主动带头拆除 50 多间破旧房，建设道

路、球场、文化广场等基础设施，东坑、七坑、坳背等 10 个村小组共 4.5 千米砂土路实现了硬底化。2017 年起，扶贫团队帮扶连樟村，并成立乡村振兴学院（见图 5.8）。

图 5.8 2017 年起，扶贫团队帮扶连樟村，并成立乡村振兴学院

摄影　谭学轩

三、发挥本土特色优势产业的带动效应，增强乡村"造血"功能

2018 年 10 月 23 日，习近平总书记在连樟村考察时指出："产业扶贫是最直接、最有效的办法，也是增强贫困地区造血功能、帮助群众就地就业的长远之计。要加强产业扶贫项目规划，引导和推动更多产业项目落户贫困地区。"连樟村充分利用特色水果、蔬菜和茶叶等优势产业，为城乡融合持续"造血"。譬如，英德市连樟村果菜茶省级现代农业产业园以水果、蔬菜（含竹笋和食用菌）、茶叶等为主导产品，计划总投资 4000 多万元，其中省级财政奖励 1000 万元。产业园积极构建产业带动村民利益的联结机制，为当地村民提供了种植、管理田地等就业岗位，提高了村民的收入，改善了村民的生活状况。英德市合农果蔬专业合作社建立起了 350 立方米的蔬菜冷藏库和 10 亩（约 6666.7 平方米）的蔬菜大棚。2019 年，连樟村建设麻竹笋高效育苗基地达 60 亩（约 4 万平方米）、麻竹笋现代加工中心 35 亩（约 2.33 万平方米），同时配备现代化麻竹笋深加工设备。截至 2020 年，麻竹笋休闲食品的产量已经达到了平均每天 15 吨。该项目解决了周边 50 户约 150 人的农户就业问题，除了自产自销外，麻竹笋现代加工中心也向当地村民收购麻竹笋，提高村民收入，年均纯收入超过 4 万元，村集体经济收入 2020

101

年突破 200 万元。图 5.9 为唯一依托行政村的连樟村省级果菜茶现代农业产业园。

图 5.9　唯一依托行政村的连樟村省级果菜茶现代农业产业园

摄影　谭学轩

　　积极发挥党建引领作用，发挥当地特色产业的带动作用，改善交通基础设施、提升人居环境，是探索国家城乡融合发展试验区的"连樟标准"。连樟村通过促进城乡要素自由流动，激活村民的内生动力，增加村民的收入，提高村民的生活质量，为广东省乃至全国乡村振兴的城乡融合发展之路贡献了"样板"经验。

　　（作者：洪迎秀，广东省普通高校特色新型智库"粤港澳大湾区新兴产业协同发展研究中心"研究人员、办公室主任。陆剑宝，见本书勒口。李星穆，广东省普通高校特色新型智库"粤港澳大湾区新兴产业协同发展研究中心"研究人员）

第三节　地方龙头企业的城乡融合项目
——清远新马村城乡融合模式

　　广清接合片区是国家城乡融合发展试验区中广东省唯一的试验区。本课题组对广清接合片区中清远市源潭镇新马村城乡融合示范板块进行调研，总结出新马村重塑城乡关系、促进乡村振兴和农业农村现代化的发展经验。

　　源潭镇新马村是清远市清城区新马乡村振兴样板区的主要载体，位于清远市清城区源潭镇西北面，总面积约 10.5 平方千米，耕地面积 3350 亩（约 223.33 万平方米），有 16 条自然村，常住人口 3996 人。生态环境优美，背靠南峡山，矗立北江边，南临大燕河；交通便利，东依京广铁路，西靠武广高铁站，距武广高铁清远站仅 3 千米，距广州白云国际机场约 35 千米，距广清城轨清远站约 8 千米，距广州市区仅 1 个小时车程。图 5.10 为位于清远市源潭镇的新马村，是国家城乡融合发展试验区广清接合片区的重要组成部分。

图 5.10　位于清远市源潭镇的新马村，是国家城乡融合发展试验区广清接合片区的重要组成部分

摄影　陆剑宝

一、当地龙头企业与政府联合打造田园综合体项目

　　"以城带乡、以工促农"，重塑城乡关系。政府鼓励引导工商资本下乡，实施"万企帮万村"，鼓励企业整镇整村帮扶，探索工商资本与村集体合作共赢的模式。现代农业产业园、农旅综合体、田园综合体、森林公园等成为工商资本入乡的重要载体和平台。

　　新马村在探索城乡融合中，引入当地龙头企业忠华集团连片集中开发。忠华集团原是以纺织制造为主营业务，涉足房地产和种养殖等板块。当地政府和忠华集团联合打造出新马田园综合体项目（"飞霞龙田"文化乡项目），计划打造特色稻虾共生、现代智慧农业、水产基地、精品民宿、农耕研学五大主题板块。项目总规划面积1.65万亩（约1100万平方米），涵盖整个新马村委会，首期建设面积1240亩（约82.67万平方米），目前已经整合耕地面积6067亩（约404.47万平方米）、流转2400亩（约160万平方米），调整建设用地107亩（约7.13万平方米）。项目规划投资6.2亿元，现已完成投资2亿元。为了传承和发展清远本地的墟日文化，忠华集团在本项目中打造"星期六"集市，为周边村民提供集市交易场地，为本地村民提供自产农副产品展销地，带动项目周边农民创业致富。除了建设、维护、保安等岗位吸收当地劳动力外，当地村民还可以进行种植水稻、养虾等工作，村民在农业园区务工每天可收入100~200元。图5.11为清远龙头企业支持建设的新马村乡村振兴样板区项目，突出综合性现代农业特色。

图5.11 清远龙头企业支持建设的新马村乡村振兴样板区项目，突出综合性现代农业特色

摄影 陆剑宝

二、严守耕地，保护红线，为粤港澳大湾区提供"米袋子＋肉案子"

在疫情背景下，要保证粮食安全，保护粮食生产的土地。习近平总书记十分关心粮食生产和粮食安全，他指出我国14亿多人口要吃饭，稳住农业基本盘，保证农业基础稳固，农村和谐稳定，农民安居乐业。保障粮食安全是国家安全、社会稳定的基础。在城乡融合过程中，要坚持守住底线，守住土地所有制性质、不踩红线、不损害农民利益的底线。

新马村共用耕地 3350 亩（约 223.33 万平方米），耕地广阔平坦，土地肥沃，水源充足。新马村在城乡融合过程中，坚持最严格的耕地保护制度和"耕地非农化"，建设高标准农田。新马田园综合体项目以"不破坏农田"为原则，保护耕地，不破坏粮食种植区，规划构建以小龙虾养殖与水稻种植为核心的稻虾共生绿色生态系统 365 亩（约 24.33 万平方米），通过引进湖北潜江小龙虾全产业链体系，发展小龙虾养殖加工产业；聘请小龙虾加工明星厨师团队，提供生产、加工和餐饮"一条龙"服务。目前，已经种植水稻 148 亩（约 9.87 万平方米），投放虾苗 3000 千克，建成后预计年产有机水稻 6 万千克、小龙虾 8 万千克。除了"水稻＋小龙虾"的共生项目，还规划打造全程绿色、有机养殖的水产养殖基地 260 亩（约 17.33 万平方米），目前已经建成水产养殖基地 6 个、水产展示馆 1 个，投入鱼苗 40 万尾，主要养殖四大家鱼、桂花鱼、鲈鱼等，年产量达 40 万千克。大米、鱼、虾将销售到粤港澳大湾区，为粤港澳大湾区提供"米袋子"和"肉案子"。图 5.12 为新马村以小龙虾养殖与水稻种植为核心的稻虾共生项目。

图 5.12　新马村以小龙虾养殖与水稻种植为核心的稻虾共生项目

摄影　洪迎秀

三、打造现代智慧农业，为粤港澳大湾区提供"菜篮子＋果盘子"

新马村规划建设现代化大棚 203 亩（约 13.53 万平方米），种植有机蔬果，销售到粤港澳大湾区。引进以色列耐特菲姆全球智能灌溉技术，打造以现代农业种植为主的科普研学基地。目前已建成农业大棚9个、蔬菜种植基地6个，以种植青瓜、秋葵、番茄、球白菜、草莓为主，采用无土栽培、营养水培等现代化技术，年产量可达40万千克。这些大棚除了展示各种现代化农业技术之外，还可以成为清远地区乃至珠三角地区青少年农耕研学的基地，实现"农业＋教育＋文旅"的有机融合。图5.13为新马村引进以色列耐特菲姆全球智能灌溉技术，打造以现代农业种植为主的科普研学基地。

图5.13 新马村引进以色列耐特菲姆全球智能灌溉技术，打造以现代农业种植为主的科普研学基地

摄影 谭学轩

四、打造生态景区，为粤港澳大湾区提供优质生态空间

城乡融合发展，要充分发挥乡村的田园、山林、温泉、河流、文化等资源优势，推动乡村自然资源的增值。构建生态旅游产品体系，打造生态示范区重点平台。新马村在城乡融合过程中，优化城乡融合发展空间布局，通过对新马村开展"三清三拆"和人居环境整治，对原来破旧的养猪圈、废弃多年的房屋进行改造，统一装修，打造宜居适度的生活空间、环境优美的生态空间。目前，已建设民宿12栋，其中5栋是明清非遗展示古建筑，建立一体化污水处理设施，确保周边环境零污染。现在的新马村空气清新、环境优美、鸟语花香，为粤港澳大湾区提供了环境优美的田园空间。图5.14为山水环绕、鸟语花香、空气清新、

环境优美的新马村。

图 5.14 山水环绕、鸟语花香、空气清新、环境优美的新马村

摄影 洪迎秀

推进城乡融合，除了政府提供公共设施和公共服务的基础外，还需要塑造良好的营商环境，鼓励工商资本下乡，鼓励社会力量参与。要充分利用乡村地理位置优势、自然资源优势，打造有地方特色和有竞争力的现代农业产业园、农旅综合体、田园综合体、森林公园。还要严守耕地，保护红线，保障粮食安全，为城市提供有机蔬菜、水果、大米、鱼、虾等安全可靠的优质农产品，稳定城市生活价格指数。通过统一规划、统一建设、统一运营、统一营销，把最有代表性的城乡融合板块落到实处并推介出去。

（作者：洪迎秀，广东省普通高校特色新型智库"粤港澳大湾区新兴产业协同发展研究中心"研究人员、办公室主任。陆剑宝，见本书勒口）

第四节　清远佛冈黎安村的城乡融合
经验探索

城乡融合发展是推进乡村振兴战略的重要基础。2019 年，国家发改委等十八部门联合印发《国家城乡融合发展试验区改革方案》，其中广东广清接合片区位列国家城乡融合发展试验区名单之中。该试验区建设是广清一体化、融入粤港澳大湾区的重要抓手，试验范围包括广州市增城区、花都区、从化区，清远市清城区、清新区、佛冈县、英德市连樟样板区。佛冈县作为广清接合片区的试验范围，正在探索城乡融合的"清远经验"。据此，课题组通过调研佛冈县黎安村，发现了黎安村探索城乡融合过程中需破解的难题。

一、基本现状：城乡融合为乡村发展注入新活力

黎安村是位于佛冈县汤塘镇中南部的行政村，毗邻广州。辖区面积18 平方千米，其中耕地面积 3809 亩（约 253.93 万平方米）、山地面积17653 亩（约 1176.87 万平方米），下辖 7 个自然村：古楼山村、上黎村、古洞村、三丫树村、边海村、下黎村、湖竹脚村。户籍人口约1513 户 6450 人。黎安村东接江菱塘村、四九村，南临广州从化，西接罗东村、脉塘村，北临围镇村、江坳村。省道 S354 自西向东穿过黎安村，黎安村目前已融入广州市"一小时经济圈"。由于村内就业机会较少，村民务农收入较低，再加上落后的医疗和教育，大部分村民选择外出打工。为了减少留守儿童的不安全感，很多年轻父母把孩子带在身边。有些村民积攒一些积蓄之后到镇里、县里、市里买房迁出农村。目前黎安村村落比较破旧，房屋密密麻麻，但是常住人口不多，以老人为主。

据《清远市佛冈县汤塘镇黎安村村庄规划（2021—2035）》方案，黎安村的村庄规划方向为美丽宜居、城镇转型村。打造城中村，一个重要的原因在于黎安村的马路对面就是工业园——广佛（佛冈）产业园。广佛（佛冈）产业园与广州开发区协同发展，打造生产、生活、生态三位一体的城乡融合示范区，带动周边村落融合发展。2021 年广佛（佛冈）产业园共签约项目 25 家，投资额 44.8 亿元，产值预估 96.7 亿元，税收预估 6.1 亿元。截至目前，园区已累计签约项目 102 个，预计达产总产值超 400 亿元，税收约 28 亿元。图 5.15 为《清远市佛冈县汤塘镇黎安村村庄规划（2021—2035）》。

图5.15　《清远市佛冈县汤塘镇黎安村村庄规划（2021—2035）》

摄　影　李星穆

　　黎安村充分利用毗邻园区的区位优势，探索与园区合作的新机制。黎安村深入对接广佛（佛冈）产业转移园及园区内企业发展需求，挖掘培养输送本土人才，提供相关生产生活配套服务。黎安村也将积极向入园企业推广地方特色产品，如蛋鸡、青梅、沃柑、益肾子等，既让外地商客了解佛冈的特色作物，也帮助推动农民增收。通过推动佛冈农业向标准化、品牌化、规模化方向发展，推动农业结构调整优化、补齐短板，实现工业反哺农业、城市带动乡村，构建工农互促、城乡互补、区域协调的新型工农城乡关系。

　　佛冈县黎安村在政府领导的指导下积极贯彻实施清远"1221"工程，抓住城乡要素自由流动和公共资源合理配置，探索城乡融合的"广清一体标准"。但实施过程困难重重，目前黎安村还未真正实现城乡融合，仍处于探索阶段。其中一个重要原因是广佛（佛冈）产业园仍在建设中，红利尚未体现。图5.16为正在建设中的广佛（佛冈）产业园，即将唤醒"沉睡的资源"，带动黎安村共同富裕。

图5.16　正在建设中的广佛（佛冈）产业园，即将唤醒「沉睡的资源」，带动黎安村共同富裕

摄影　李星穆

二、存在的问题：城乡融合遇阻碍

城乡融合是广佛产业园和黎安村之间的要素双向流通融合，如果仅有任何一方的要素单向流动都不能促成融合。黎安村作为一个城中村，虽然有地理位置和交通上的显著优势，但在与广佛（佛冈）产业园前期的融合过程中，遇到了多方要素流动的障碍，概括起来便是人口、土地资源、基础设施要素的流动困难。因此，黎安村的发展活力难以激发。

1. 人口要素流动遇障碍

目前黎安村实现了村民迁徙到城里，还未实现城市居民迁徙到村里，城乡之间的流动还是单向的农村流向城市，未实现城乡双向流动。人口迁移最重要的原因，是城市里有更多的就业机会和更好的医疗、教育、养老机制。黎安村目前还未改造，房屋建筑比较破旧，生态环境、基础设施仍待完善。目前，村里主要是部分中老年人到广佛（佛冈）产业园做诸如保安、清洁、盖房子的基本工作，收入不高。本村村民的房子部分出租给广佛（佛冈）产业园的员工，租金也不高。由于自然禀赋较低、产业种类不多，黎安村很难吸引年轻人返乡就业和城市居民到黎安村旅游、就业。但是，未来随着广佛（佛冈）产业园建成壮大，距其5分钟路程的黎安村有着天然的优势，可以改造成广佛（佛冈）产业园的

"后花园"，搭建城中村改造合作平台，助力黎安村与城市的融合。

2. 土地资源要素流动遇障碍

黎安村大量人口离开，留下许多闲置土地，即撂荒耕地和建筑用地。土地作为不可再生资源，尽管无人居住，但也寸土寸金。黎安村在城乡融合中遇到的难题之一，便是用地指标上的制约。城中村在城乡融合过程中并不适合大改大建，只能通过整改闲置土地搭配广佛（佛冈）产业园建设。然而，在我国乡村，土地归集体所有，土地流转同时影响着黎安村农民利益、政府集体规划和资本产业用地。一边是广佛产业园用地指标紧张，一边是黎安村土地大量闲置，土地资源要素流动的困难严重阻碍了城乡土地资源的开发利用和互补共享的实现。大量土地资源得不到充分利用，沦为没有产出价值的"沉睡资源"。

3. 基础设施要素流动遇障碍

广佛（佛冈）产业园建成后，将吸纳近 10 万劳动力，但目前产业园周边生活配套设施服务不齐全，医疗、教育、养老等基本公共服务保障不到位，与城市差距仍然较大。公共服务基础支撑弱，不足以支撑起庞大人口流动带来的生活压力。只有黎安村的基础设施得到保障，才能进一步促进人口要素的流动。如何破解城乡基础设施不均衡的结构、促进乡村在公共资源上的合理配置，是黎安村与广佛（佛冈）产业园在融合上需要克服的重要问题。

三、建议：融合发展需要稳步走，保障村民的基本利益

在推进广清接合片区试点的城乡融合过程中，即便黎安村正在努力融入，但是在要素流动上仍有无法避开的问题和短板。对此，课题组提出以下三条发展路径的思考。

1. 人口流动增活力

以人为本，构建城乡人口要素流动体制机制。黎安村增多自身发展机遇，是吸引能者回流的前提。乡村人口固然可以在城市发展，但黎安村要为他们留住最原始的根。广佛（佛冈）产业园管委会在讲述广佛（佛冈）产业园带动城乡融合发展时，提及建立人才供给流动站。即便

黎安村目前人口存量不多，但通过供给站，在城市有一定发展的人才能够反哺黎安村。在源源不断的人口流动过程中，黎安村会有大量活力被激发出来。同时，要在融合发展中健全体制机制，为维护产业园周边和管理人口做好制度保障。

2. 挖掘土地流动潜力，盘活"沉睡的土地资源"

黎安村充分利用与广佛（佛冈）产业园仅有 5 分钟路程的区位优势，鼓励进城落户农民依法自愿有偿转让退出农村权益制度。通过建立农村集体经营性建设用地入市制度，推进闲置土地资源在符合国土空间规划和保护生态环境的基础上入市，通过流转闲置土地，将土地资源合理变现。充分发挥以广佛（佛冈）产业园为主干的工业产业协同发展平台，探索对黎安村进行整体升级改造，力争 2025 年底前，基本完成农村旧房整治，达到美丽宜居乡村标准。深入开展"四小园"和美丽庭院示范创建，建设园区道路、生活等配套设施，盘活"沉睡的土地资源"。通过产城融合发展，推动城乡融合发展。

3. 完善城乡交通基础设施，缩短城乡距离

广清两市计划共同促进"从黄高速"等重大基础设施的规划建设，全力推动广州和清远两市交通、产业、营商环境"三个一体化"，为全省区域协调发展和城乡融合发展探索新路径，创造新时代的"广清经验"。磁浮专线将缩短清远市区和广州主城区到清远南部旅游资源的距离，银盏站连接了广清城轨，清远市区市民通过广清城轨衔接转磁浮专线只需 20 分钟，广州市区市民乘坐广清城轨转磁浮专线地铁，只需 1 个小时即可抵达清远南部旅游景区。因此，若增设佛冈县黎安村等片区到工业园以及佛冈县城、磁浮专线银盏站的公交路线，开通运营广清城际花都站至清城站段路线，增设广州地铁机场北线和延伸从化线至佛冈，将缩短黎安村到广州中心城区、清远市区的距离，争取让"半小时经济圈"助力城乡融合。

（作者：洪迎秀，广东省普通高校特色新型智库"粤港澳大湾区新兴产业协同发展研究中心"研究人员、办公室主任。陈欣，广东省普通高校特色新型智库"粤港澳大湾区新兴产业协同发展研究中心"研究人员。陆剑宝，见本书勒口）

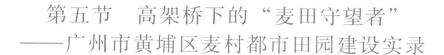

第五节　高架桥下的"麦田守望者"
——广州市黄埔区麦村都市田园建设实录

　　城市高速开发中，城郊乡村如何保留原有的田园风光？城市和农村出现了争地，地方政府有什么妙招？如何将城市与农村田园融会贯通？这些仍是乡村振兴中有待解决的难题。另外，由于城市的高速开发和生活节奏的加快，城市居民对生活环境自然化的追求日益见长，开始出现"逆城市化"现象。2017年2月5日，"田园综合体"作为乡村新型产业发展的亮点措施被写进中央一号文件。田园综合体是集现代农业、休闲旅游、田园社区为一体的乡村综合发展模式，是通过旅游助力农业发展、促进三产融合的一种可持续性模式。该模式是新型城镇化的重要发展路径，是农业农村统筹发展、城乡融合的主要规划设计类型，将在乡村振兴发展中起到巨大的推动作用。调研团队深入探访广州知识城开发区中的自然村落——麦村，探讨麦村在高速的城市化发展中如何塑造"都市田园"，还城市一片绿色，还市民一丝记忆。

一、麦村——广州开发区中的"麦田守望者"

　　麦村位于中新广州知识城新龙镇南，处于知识城与开发区科学城中间位置。全村总面积505.46公顷，全村土地面积约4600亩（约306.67万平方米），水田960亩（约64万平方米），旱地105亩（约7万平方米），山地3600亩（约240万平方米）。麦村属广州市黄埔区辖管，是广州东部新山水城规划地区之一，常住人口213户998人，劳动力520人，有11个经济合作社分布在1.5平方千米内。全村无大型工业基地，农业以种植水稻、蔬菜、养殖家禽为主。不同于城市的高度开发，拥有优越地理位置的麦村始终存留着连片的稻田，以农业贯彻乡村发展。以"都市田园"冠名，坚守"绿水青山就是金山银山"理念，协调环境与经济共同发展。看似跟不上时代发展步伐的麦村，却为广州守住了田园乡愁，留住了田园风光。也正是凭借得天独厚的地理优势，让麦村在广州近郊地域获得了无可替代的战略地位，成为广州新型重点生态居住休闲空间。

二、麦村打造都市田园的创新路径

1. 发挥党建引领乡村振兴的作用

为改造老旧村落形象，破除"脏、乱、差"现象，拆除乱搭乱建的铁棚及消除危破房带来的危机隐患，麦村村委基层党组织发挥带头作用，做好村民的思想工作，开展"三清三拆三整治"行动。进行厕所革命、村内道路硬底化、深入推进垃圾处理、污水治理工作。在党员的带动作用下，完成了193.45亩（约12.9万平方米）农用土地的流转工作，建设无土栽培产业园，开展特色植树活动和保护生态环境等党建活动。村委积极配合广州开发区投资集团的工作，帮助企业解决各种困难。村委同时也是企业的监督人，督促企业坚决不可跨越政策"红线"。

2. 国企支持，鼎力推进乡村建设

麦村自2018年9月开始进行美丽乡村改造，对村落基建重新整装，包括乡村环境改造、乡道规划建设等。2021年5月10日，在广州黄埔区委、区政府及其相关部门的大力支持下，广州开发区投资集团有限公司作为国企发扬其责任和担当进驻麦村。从"产业振兴、人才振兴、文化振兴、生态振兴、组织振兴"五方面，打造都市田园、美丽麦村。在产业振兴方面，集团引入生态农业科技公司共同打造开益良品无土栽培产业园，建成120亩（约8万平方米）产业大棚；与"步步为营"等研学公司合作共同规划麦村，推动种植、运输、销售、科普教育研学、旅游，打造麦村田园综合体。在人才振兴方面，推广"麦村粤菜师傅名村"，游客可以品尝丰富的岭南美食，让人流连忘返。在文化振兴方面，集团与新龙镇政府、区文旅局2021年10月举办国庆乡村嘉年华、麦村采风活动，申报"践行两山理论：努力将绿水青山变成金山银山"项目。在生态振兴方面，响应国家号召，保护粮食安全，集团完成麦村和大坦村约645亩（约43万平方米）基本农田的复耕复种，种植298棵紫薇树，完善火车餐厅的配套公共设施和绿化；整治鱼塘和梯田，改善村容村貌，亮化麦村周边的灯光。在组织振兴方面，集团党

委组织广开建投党支部，组织开展特色党建活动，种植玉米苗800多株；走访慰问困难群众；在麦村开展植树节活动，种植柠檬树苗28棵。图 5.17 为都市田园，美丽麦村：稻田里一行行绿色的秧苗正在茁壮成长，听取蛙声一片。

图 5.17 都市田园，美丽麦村：稻田里一行行绿色的秧苗正在茁壮成长，听取蛙声一片

摄影 洪迎秀

3. 培育湾区宜居宜业特色村镇

围绕麦村生态基础和人才基础，挖掘麦村发展潜力，打造特色乡村；同时引进国企，联合新龙镇政府及黄埔区文旅局举行国庆乡村嘉年华、麦村采风创作等活动，依托企业优势助力麦村旅游产业高质量发展；完善周边各种游玩活动，促进三产融合；通过整合村内特色农庄，培育粤菜师傅人才，广州市、区级等各大主流党政自媒体平台与多家互联网公众平台深入报道宣传、推广麦村"粤菜师傅名村"。

4. 打造特色技能人才高地

麦村具有浓郁的岭南饮食文化氛围，培育出许多粤菜厨师，至今仍有多位粤菜师傅在岗工作。麦村饮食文化以师徒制代代相传，至今已有悠久历史。不少粤菜师傅在星级酒店担任厨师，吸收其他饮食文化优势，同时回到家乡麦村带出了一帮当地粤菜师傅。随着乡村振兴的蓬勃发展和"美丽乡村"的建设发展，越来越多的名厨回到家乡开设农庄。现麦村村民开办的各种农家乐共有17家，更有国企打造的特色餐饮田园火车餐厅，促进经济增长的同时又继承和发扬了麦村粤菜文化。

5. 新晋"天池"旅游打卡圣地

麦村毗邻油麻山风景区，麦村与增城区永宁街叶岭村交界处的石牙顶上，有两个以前采石场留下的石坑。现今变成一大一小两个湖泊，其水光山色令人目眩神醉，故被人们赋予"天池"之称。受疫情对跨省跨市出行限制的影响及近郊游的日益火爆，麦村抓住机遇，以"天池"为主要旅游宣传，让别有洞天的"天池"成为新晋的网红打卡地，已成为广州市民周边游的不二之选。图 5.18 为高架桥下的特色田园火车餐厅。

图 5.18　高架桥下的特色田园火车餐厅　摄影　曾蕾蕾

6．产业载体——都市现代农业科技园

麦村依托企业发展优势，打造现代农业生态产业园——开益产业园。"科技""农业""经济"三位一体，实现"科技＋田园风＋亲子旅游＋农产品＋消费"的多合一。通过引进无土栽培和大棚种植技术，扩大农业种植规模，增加农产品附加值，继而增加村民收入和就业岗位。利用大棚种植和研学科普相结合，进行农业产业和文旅产业紧密联合，实现多渠道增收。以产业园为载体，强化乡村振兴协作，按照麦村当地主体功能定位共建产业园区，推动人才、资金、技术向基层流动。图 5.19 为城市中的有机蔬菜基地：科技与绿色共融。

图 5.19　城市中的有机蔬菜基地：科技与绿色共融

摄影　曾蕾蕾

三、麦村在都市田园打造过程中遇到的制约

1. 施工地的布局规划管理缺乏科学性

大坦村高车路地块的搅拌站沙石乱堆乱放、尘土飞扬，影响麦村的空气质量和农作物的生长环境，急需相关部门加强对环境污染管控及空气监测的力度。研学项目的选址、规划、配套设施需要政府的指导和支持。建设无土栽培产业园的冷库选址规划亟须落地。田间的交通、机耕道、水利设施、灌排设施的建设和规划需要更加科学。

2. 缺少建设用地指标

目前，我国缺少标准化建设用地指标，而麦村的设施农田极少，大多数为基础农田。国家出台的"166号文件"强调了——永久基本农田不得转为林地、草地、园地等其他农用地及农业设施建设用地。因此，麦村现有的基础设施不能满足都市田园发展的需求。首先，在旅游方面，麦村的旅游配套产业不完善，出现了公共基础设施建设严重不足的现象，公共厕所只有一间，民宿数量不足、质量欠佳，一到节假日旅游人数增加就严重塞车，还得和隔壁村借停车场，导致麦村无法牢牢抓住游客。其次，在农业方面，田间交通、灌排设施和农产品储存设施都存在短板；冷库建设得不到落实，产出和未销售完的农产品得不到妥善保存，导致大量的农产品被浪费；排水系统不完善，一到雨季就很可能导致大量幼苗死于田中。图 5.20 为无土栽培产业园前面的道路不能硬底化，给运输带来了极大的困难。

图 5.20　无土栽培产业园前面的道路不能硬底化，给运输带来了极大的困难

摄影　洪迎秀

3. 农业基础薄弱成为较大阻力

麦村的基本农田的土壤多为沙质土壤，该类土壤不适合种植农产品。据专家推测要改善土壤需要连续种植 3～5 年，而且前期种植难度高产量少，因此需要投入较高成本。再加上现代农业起步晚和受疫情的影响，农产品销售阻力大，农产品销售的渠道不成熟，大量农产品滞销或被低价批发，导致难以收支平衡，造成一定程度的亏损。

四、如何让麦村更美

1. 多元主体共建美丽乡村

麦村推动"美丽乡村"建设之际，充分展开"政府＋企业＋村集体"的发展格局，打造多元主体共建共富体系，乡村振兴结果取得了显著成绩。在不断促进村落乡村振兴的过程中，麦村坚定政府政策引导，从广州市政府到新龙镇政府，村委部门汇聚各方力量，依托开发区

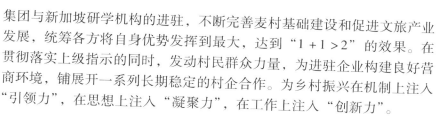

集团与新加坡研学机构的进驻，不断完善麦村基础建设和促进文旅产业发展，统筹各方将自身优势发挥到最大，达到"1＋1＞2"的效果。在贯彻落实上级指示的同时，发动村民群众力量，为进驻企业构建良好营商环境，铺展开一系列长期稳定的村企合作。为乡村振兴在机制上注入"引领力"，在思想上注入"凝聚力"，在工作上注入"创新力"。

2. 科技支农打造都市现代化农业示范点

麦村距广东省农科院和华南农业大学仅十来分钟路程，发挥麦村位置优势，加大与涉农科研院校的合作。加大资金投入，优化无土栽培技术，同时扩张无土栽培大棚规模。无土栽培技术可以避免因为土质带来的问题，同时可以提高对空间的利用率，进行立体种植，提高单位面积的产量。而大棚种植可以减少自然条件对农作物带来的危害，提高产量。同时，可以以发展传统种植业为辅，提高土壤肥力，为未来种植其他农作物奠定基础。

3. 优化乡村开发与运营模式

推动多村合作模式：在建设用地指标未出台前，麦村可以通过多村合作模式，用其他地方的优点弥补缺点。农产品的销售并不一定要靠自己销售，中间也可以有多个经销商，麦村销售渠道不成熟，但是经销商可以解决渠道问题，他们缺的是合适的产品；麦村虽然缺少冷库，但是种植面积广，有大量的农产品，可以通过与其他村合作，整合资源，引导合作社及农民，整合同类产业共同发展相互补充，实现共赢。加快发展电商农业模式：面对疫情常态化对市场端的影响，麦村应该积极发挥网上农业和线上农业平台，加大网上销售力度，比如利用App、微信小程序等方式开拓和维护客户，大力发展"线上下单、无接触配送"模式。

注重环境保护，维护都市田园的美好形象。麦村通过多方力量综合整治人居环境，打造都市田园、美丽麦村。一方面，需要黄埔区委区政府、新龙镇政府、麦村村委、广州开发区投资集团联合保护麦村的生态环境。另一方面，需要村民和游客提高保护环境的意识，加强卫生观念，不要随地乱扔垃圾。麦村村委有环境保卫人员定期清理腐烂的瓜果、处理各种垃圾，打扫卫生。村中心区域及主村道沿线卫生、道路基本干净整齐，但是对于大坦村搅拌站的乱堆乱放现象亟须解决。

（作者：陆剑宝，见本书勒口。洪迎秀，广东省普通高校特色新型智库"粤港澳大湾区新兴产业协同发展研究中心"研究员、办公室主任。曾蕾蕾，广东省普通高校特色新型智库"粤港澳大湾区新兴产业协同发展研究中心"研究人员。苏铭凯，广东省普通高校特色新型智库"粤港澳大湾区新兴产业协同发展研究中心"研究人员）

第六节　"城央一片绿"
——广州市黄埔区迳下村调研报告

城乡融合是乡村振兴的关键，是实现城市和乡村生活质量同值的目标。城乡融合要做好，既要激发乡村的内在原生动力，又要引入外界的社会资本力量进入乡村，改造乡村。以双向联动来促进乡村和城市融为一体。调研组前往广州市的城中村——迳下村，探究迳下村城乡融合经验，了解迳下村如何从一个脏乱差的贫困村变成强富美的文明乡村。

九龙镇迳下村位于九龙镇政府的东南方向、九龙大道的东侧，距九龙大道 3 千米。交通便利，广州市民自驾只需 1 个小时就能到达迳下村，吸引不少广州游客前来迳下村游玩。迳下村的总面积为 4.2 平方千米。其中，耕地面积 445 亩（约 29.67 万平方米），林地面积 4103 亩（约 273.53 万平方米）。村总人口 1027 人，主要姓氏以冯、汤、陈为主。村产业以农业为主，种植业所占比重较大，主要农作物及特色农产品是果树和蔬菜。迳下村在没有进行改造之前，环境脏、道路乱，村民的收入低，村集体收入寥寥无几，是广州市有名的贫穷村。村里的年轻人不愿意待在迳下村，纷纷选择外出打工，导致迳下村的发展每况愈下。

经过改造之后，迳下村依托原有的农业资源和生态旅游资源，打造休闲农业、农业观光、智慧农业产业；改善迳下村的人居环境，加强迳下村的公共服务建设，将迳下村打造成环境优美、生态宜居的乡村。现如今迳下村已经变成了广州市著名的"网红村"，是广州市民必去打卡的地方。2018 年迳下村被评选为"广州市美丽乡村"，2021 年成为全国示范性老年友好型社区。

一、城乡融合的多方合力

迳下村的改造无疑是非常成功的，从原先一个脏乱差的贫困村变成强富美的美丽乡村，其成功的原因是成功地和广州市相融合。改造乡村，资金是关键因素。没有资金，乡村改造也就无从谈起。迳下村选择和科学城集团合作，科学城集团投入 1 亿元资金用于改造迳下村，把迳下村建设成为纳米小镇，使迳下村成为集生产、生态、生活为一体的村庄，成为孵化高科技农业、智慧农业的重要基地。通过培育新品种的稻谷，提升稻谷的产量，提高稻谷的品质，为科学城集团培育出新型稻谷做出了重要贡献。迳下村不但是一个重要的孵化基地，同时还是一个生态旅游、绿色旅游、农业旅游的乡村。迳下村整体的乡村旅游基调是绿色生态，让前来迳下村游玩的旅客可以感受到迳下村美丽宜人的环境和乡村独有的风景。乡村旅游要想吸引人，必须要有适宜的人居环境。基础公共服务要做好，游客才愿意来迳下村游玩。迳下村全部换上了沥青路，道路平整。迳下村的房屋全部翻新，全部重做，之前破烂的小房屋全部被拆除，取而代之的都是时尚现代化的楼房。污水处理系统和垃圾分类系统都建立起来，家家户户门前都没有垃圾，干净又整洁，提升了居住在迳下村的村民的幸福感，生活质量比之前变得更好了。

二、"在城市中看得见乡愁"——迳下村的精准定位

迳下村在村委书记的带领下，找准了自己的定位，提出要将迳下村建设成为"城市的后花园"的口号。要将迳下村深度融入粤港澳大湾区，和粤港澳大湾区进行深度合作，给粤港澳大湾区提供"菜篮子"和"米袋子"。给居住在城市里的市民提供优质、无公害的蔬菜，提供产量多、口感好、营养价值高的稻米。与此同时，迳下村还致力于给城市里的居民提供休闲放松的乡村旅游服务。当城市里的居民在城市忙碌了一周之后，可以选择周末前往迳下村游玩，放松自己。而城市则反哺迳下村，城市里的工业反哺迳下村的农业，城市里的资金、科技、人才等生产要素流入迳下村，形成溢出效应，助力迳下村的乡村发展。2020

年《广州市黄埔区原九龙镇村庄规划修编——迳下村村庄规划》发布，提出迳下村的目标是要打造精品示范村样板，提出迳下村的发展要做到抓稳基础设施、综合整治，抓牢产业导入和空间布局入手，高效推进项目稳步实施，健全设施，进一步提升居民的幸福感。

三、多元化收入促村民致富

迳下村被建设成为纳米小镇，迳下村的村民也因此受益，收入提高，生活质量改善。之前村民的收入来源单一、稳定，且收入低微，因为村民只能从事农业种植，无法在村庄里从事第二产业和第三产业的工作，想要提高自己的工资，村民往往需要外出去城市打工，进入第二产业和第三产业打工。如今，迳下村建设成为纳米小镇，村民的收入来源变得多样化。首先，外来的资本进入迳下村改造，要将迳下村打造成旅游景点，就需要征收村民的土地来建立旅游景观，村民的土地被流转给外来公司，将土地的经营权给公司，而公司则会补偿给农民土地租金。一亩地补偿村民 3.8 万元，租用 30 年，提高了村民的财产性收入。其次，由于迳下村的旅游业发展，村集体的财政收入从之前的 0 元提高至现在的每年 100 多万元。村集体的财政收入每年返还给村民，村民每人可以获得几千元分红。最后，迳下村的发展创造了新的工作岗位，村民可以选择回来迳下村进入第三产业工作，所获得的收入比进入第一产业工作要高。有些村民则抓住机会选择创业，将自己的房屋变成农庄餐厅或者民宿，开起了小商店，给前来旅游的游客提供服务，卖给他们优质的农产品。村民回来村里工作，在村里生活，生活成本减少了。收入增加，支出减少了，村民的钱袋子也就鼓起来了，村民的幸福感也就提升了。

四、打造宜居宜业宜游城中乡村

迳下村改造完成之后，成为人居环境宜居的美丽乡村，吸引了无数游客前来游玩，游客量增加了，维护优美环境的压力也就随之而来。迳下村村委面对如此情况，采取了有效措施来维护迳下村的优美环境。通过成立爱卫队，每天固定时间巡游整个迳下村，看到垃圾就捡起来处理。统一管理餐厅所产生的餐厨垃圾，统一收集餐厨垃圾进行无公害化处理，不将垃圾随处乱丢，极好地维护了迳下村的优美环境，让迳下村一如既往的美丽。迳下村也没有因为游客量的增多，从而导致迳下村的环境被破坏。迳下村还根据其自身的地理资源禀赋和乡村特色，开展建设"五美"活动，在迳下村建立"美丽廊道""美丽田园""美丽家园""美丽河湖""美丽园区"，整合迳下村特有的资源条件和旅游条件，发挥迳下村的村庄优势，把迳下村的自然优势转化成为村庄发展优势。建设七彩幸福画家连廊，集乡村地域文化、农业生态、旅游等符合功能的转变，促进了迳下村的乡村道路与旅游产业相融合发展。发展农村旅游产业，使游客既能享受到农产品，也能享受到乡村旅游服务。

　　迳下村的成功振兴体现了乡村振兴中的城乡融合策略的关键作用和重要地位。乡村要振兴，单靠乡村本身是极其艰难的。乡村必须主动走出去，去与城市互相融合，促进城乡之间的生产要素能够双向流动，使城市反哺乡村、工业反哺农业，乡村服务城市、农业助力工业的局面出现，从而实现乡村生态化、产业化和现代化。

　　（作者：陈旭东，广东省普通高校特色新型智库"粤港澳大湾区新兴产业协同发展研究中心"研究人员。陆剑宝，见本书勒口）

第六章　支　农　扶　农

第一节　从脱贫之路到振兴之路：
对口帮扶转型记——乐昌市小山村、
仁里村、灵石坝村三村调研

"走过山，蹚过水，难忘扶贫小山村；离家乡，远亲人，我们无怨无悔……"这是广东省台办驻乐昌五山镇小山村第一书记蒋耘根据自己驻村扶贫经历写就的歌曲《扶贫在路上》，唱出了很多帮镇帮村扶村干部的心声。2015年中共中央政治局通过《关于打赢脱贫攻坚战的决定》，全国上下迅速响应中央政策，累计共派出25.5万支驻村工作队，选派出320多万名驻村干部，到贫困村和经济涣散村担任驻村第一书记和驻村干部。广东派出6.5万名驻村干部，投入1600亿元。其中，在市级帮扶层面，以东莞为代表的经济发达市区对口援扶经济欠发达的粤北山区韶关。对口帮扶脱贫几年以来，以韶关乐昌市为例，坪石镇已达脱贫标准235户、736人；五山镇已脱贫销号1590户4349人。本次调研团队驱车进入与湖南交界的粤北边陲——韶关乐昌坪石镇灵石坝村、仁里村、五山镇小山村，通过探访东莞对口帮扶乐昌乡村脱贫的经验，总结对口帮扶的成效与下一步的路向。

一、三个小山村，不同的帮扶脱贫故事

1. 五山镇小山村：驻村书记们的薪火相传

乐昌市五山镇小山村是广东省台办对口帮扶的乡村。帮扶之前，受自然条件和交通条件限制，全村有贫困户36户98人。2016—2020年，广东省台办分两次派出两名驻村帮扶书记，通过四年的努力，小山村村集体收入由2016年的2.74万元增长到2020年14.04万元，有劳动力

脱贫户年人均可支配收入从不足 4000 元增加到 1.77 万元。

广东省台办在五山镇小山村的第一任驻村书记蒋耘在小山村独有文化资源的基础上，深度挖掘了特色红色文化，在小山村建设了"长征国家文化公园"，建立起以红军长征乐昌教育基地为主体，以红军长征体验路、大王山战壕遗址为辅的五山镇红色文化特色乡村旅游休闲品牌，助力脱贫攻坚。在小山村自然资源的基础上，蒋耘书记结合小山村自身的山区梯田特色，开发了"风筝梯田"和"五山梯田"，致力为小山村打造独特地标，并开放特色梯田认领活动。疫情前，被城市家庭认领的梯田每亩一年净利润达到 500 元。农忙时期，认领梯田的城市家庭可以来小山村感受独有的丰收体验，村民负责梯田的定期养护工作，可获得每亩近百元的劳务费。蒋耘书记将自身的艺术特长赋能脱贫攻坚乡村建设，并把自己的扶贫经验写成了一首在圈内小有名气的扶贫励志歌——《扶贫在路上》，小山村摇身一变成为名气山村。图 6.1 为五山镇小山村驻村书记挖掘的长征路遗址红色景点。

图 6.1　五山镇小山村驻村书记挖掘的长征路遗址红色景点　摄影　李星穆

驻村小山村第一书记蒋耘在 2018 年挂职期满回到原单位，第二位驻村第一书记李冬于 2018 年顺利接棒。李冬书记是军人出身，对于脱贫任务雷厉风行，他积极整合扶贫专项资金及广东省台办、东莞大朗等帮扶单位自筹资金累计 907 万元，对小山村进行了基础设施建设的改造，开展了大批农田水圳三面光、饮水工程、村庄亮化、巷道维修改建、村道硬化、农耕小型桥梁、农业机耕路等工程，强化了小山村基础设施建设，村风村貌和人居环境得到有效整治。此外，李冬书记利用广

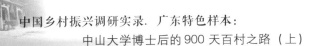

东省台办支援小山村引进台商经营的茶厂，茶厂建成后每亩产出净利润达到 300～500 元。李冬书记深知茶厂效益要服务于村民，与茶厂投资商谢经理协商将村中脱贫户安排进茶厂工作，脱贫户人均月收入提升 1000 元以上。图 6.2 为第一任驻小山村第一书记在村里打造的独特品牌标志——风筝梯田。图 6.3 为第二任驻小山第一村书记为村里引进的台商茶厂。

图 6.2 第一任驻小山村第一书记在村里打造的独特品牌标志——风筝梯田

摄影 李星穆

图 6.3 第二任驻小山村第一书记为村里引进的台商茶厂

摄影 李星穆

2. 坪石镇仁里村：扶贫车间转型记

坪石镇仁里村在脱贫攻坚进程中做了许多积极的尝试，最为显著的是东莞清溪镇对口帮扶仁里村的扶贫车间项目所带来的示范意义。众所周知，东莞是世界制造工厂集聚地，特别是清溪镇的电子加工产业有很厚实的规模。东莞市清溪公安分局成功引进东莞顺阔电子有限公司入驻坪石镇仁里村扶贫车间，该公司提供了 15 万元用于建设厂房并作价入股。建设之初，仁里村扶贫车间主营业务为电脑电源线的生产，解决了仁里村及周边在家闲置劳动力的就业问题，有效带动村民增收致富。厂方不仅设有全勤奖金，对外发的工人，还提供送货到家、上门取货的服务。身患残疾的贫困户足不出户就可以有工开、有收入。2020—2022年受疫情影响，东莞厂方订单下滑，仁里村单纯的电源线业务效益不如往常。目前，东莞厂方把原来业务转型升级为针织布料加工业务。该车间有电脑缝纫机 38 台，总投资 30 万元；固定员工 26 人，员工工资每月约 4000 元；每年为村集体创收 2.4 万元，村集体每年按 8% 分红可增加收益 1.2 万元。图 6.4 为坪石镇仁里村扶贫车间里，节假日仍然有员工在加班。

图 6.4 坪石镇仁里村扶贫车间里，节假日仍然有员工在加班

摄影 陆剑宝

3. 坪石镇灵石坝村：无花之果结出致富之果

东莞清溪镇在帮扶灵石坝村时，增加了当地特色产业支持帮扶。洞识到灵石坝村村民一直有种植无花果的传统，清溪镇筹集了 156 万元的

扶贫基金采购无花果苗，作价入股作为村集体收入，委托当地返乡创业者进行无花果基地式运营管理。正常盈利条件下，无花果基地按照各主体所占股份对每年财务收入进行分红；无花果滞销情况下，基地保护村各主体收入，设置最低每年分红限额为基地收入的 8%。2018—2021年，灵石坝村村集体收入每年大概为 20 万元，其中无花果基地的分红就占了 12 万元。无花果基地采用"公司 + 合作社 + 基地 + 农户"合作模式，以灵石坝村为核心向附近乡村辐射，与附近的肖家湾、罗家渡、三星坪、畈塘、神步村联动，种植面积达到 800 亩（约 53.33 万平方米），带动 96 户 289 人种植无花果增收。除了种植无花果带来收入以外，土地租金也成为脱贫户的主要收入之一。东莞清溪镇不仅提供种植支持，还发挥消费市场优势，为坪石无花果的销售提供销售渠道和消费帮扶。调研团队深度调研了灵石坝村本村脱贫农户，一位 60 多岁的种植户说道："有了专业无花果公司的帮助后，我家的无花果长势更壮了，卖的价钱更高了。公司还有专人指导我们用抖音宣传销售无花果。我自己也学会了发朋友圈，好多人开始私聊我买无花果哩。"

"授人以鱼，不如授人以渔"，东莞清溪镇采用产业基金模式支持坪石镇灵石坝村发展无花果产业，是一个具有示范意义的、从脱贫攻坚走向乡村振兴的帮扶项目。通过产业天使基金带动本村年轻人返乡创业，创业项目带动村民就业，盈利反哺村集体收入，本村产业做大之后辐射附近乡村，扩大受惠范围，可谓一举几得。图 6.5 为灵石坝村无花果基地，绿意盎然，无花之果产出脱贫硕果，不远处便是走向小康的新农村。

图 6.5　灵石坝村无花果基地，绿意盎然，无花之果产出脱贫硕果，不远处便是走向小康的新农村

摄影　李星穆

二、对口帮扶的成效三连问

1. 不同驻村书记的政策衔接性

在全省的脱贫攻坚阶段，2016—2020 年，广东省台办驻五山镇小山村的两任驻村第一书记的脱贫工作进行了两个两年。由于乡村脱贫过渡到乡村振兴需要的周期更长，且两任书记的脱贫致富工作重心有所不同，因此帮扶的项目呈现会有差异。此外，脱贫致富项目的具体落实执行和衔接以及持续下去与否也会受两任书记交接时的沟通和偏好影响。再者，从 2020 年起，部分脱贫攻坚任务的主体由省直单位和经济强市下派驻村第一书记变成了本地的驻镇帮扶村书记。目前小山村仅有一名驻镇帮扶村书记，且不是常驻。非常驻书记和本土书记由于缺乏专业的乡村振兴知识体系和经验，也不像省市级下派干部具有一定的学识、经验、人脉和社会资源，在乡村振兴的路上可能没有对口帮扶的效果明显。

2. 帮扶项目的稳定性和可持续性

首先，对口帮扶除了资金和人才下派之外，主要是通过制造业环节部分分包至乡村，成为扶贫车间，继而转变成为乡村振兴车间。但由于成本考虑和帮扶主体厂房业务影响，帮扶车间的工作岗位稳定性不能保障。其次，帮扶主体来自大湾区的各级政府和企业，双向通勤时长限制了乡村振兴的工作广度和深度，脱贫攻坚阶段引进的项目仅仅处于资源引进阶段，并未真正达到产业振兴的效果。最后，帮扶书记返到原单位工作后，该村可能会失去持续性的人才和人脉资源的注入，原有的消费性农业项目可能会失去持续发展的推动力。如小山村的风筝梯田认领计划就存在可持续性较弱的问题。再如小山村茶叶加工厂刚投入不久，实际的经营效益也有待时间考验。

3. 帮扶项目的示范带动性

首先，受帮扶项目规模较小的制约，帮扶车间或生态旅游或农产品种植加工等项目都只能解决部分村民的脱贫问题，而增强乡村的活力则不能单靠对口帮扶。帮扶项目是否能够起到抛砖引玉的作用，是评价该项目的真正价值所有。目前一些有特色产业基础或交通区位比较有优势的乡村发展效果较好，如灵石坝村就成功吸引了村民返乡创业。这些村民一般在大城市积累了一定的资金、见识和社会资源，是未来接棒对口帮扶完成乡村振兴任务的主力军。其次，帮扶项目只解决了部分人的就业，村民受惠面较窄。因此，帮扶项目的可做大做强性也是考量之一。未来，扶贫车间可能会逐渐退出对口帮扶村落，而村落会通过土地流转和有实力的资本和有前景的项目的规模化进入，从而实现乡村产业的规模化和高附加值，继而带动乡村振兴。最后，帮扶项目有没有吸引大城市别的项目和资本进入乡村，加快形成乡村中小企业集群的趋势，也是考察帮扶项目是否具有带动意义的指标。

三、下一站：从对口帮扶到双向联动

1. 发挥村书记的乡村振兴引领作用

首先，要持续推进驻镇帮扶政策的持续有效落实。本村书记应与驻村第一书记的工作实现相融。驻镇帮扶书记在任期时，应时刻关注前任书记的脱贫项目进展，加强村级之间的技术交流与经验合作。其次，驻村书记除了要利用自身知识和社会资源助力于乡村振兴建设工作，还需精准挖掘乡村自然和文化优势，避免千篇一律的乡村项目建设，致力于打造差异化、特色化的乡村文化地标，真正实现名村、名品、名地。最后，有实践经验的先进地区的帮扶干部、高校老师、社会组织和村支书可以到相对落后地区进行乡村振兴长期和系统的义务培训，提升和完善本村书记的格局和知识体系。选派工作突出的村支书到发展较好的、禀赋相似的乡村驻点，通过一段时间集中学习，积累实际的现代化乡村治理经验。

2. 村级致富项目既要"引进来"也要"走出去"

受疫情影响，村级的生态旅游和红色旅游等项目可持续性受到影响。五山镇小山村"认领梯田"计划因疫情阻隔大城市居民下乡而导致无人继续认领被搁置，实际经济效益也降低了。建议在乐昌市区、韶关市区、广州、佛山等大城市加强对五山镇"认领梯田"项目的宣传工作，吸引城市亲子家庭到五山镇进行梯田的认领，完善五山梯田、风筝梯田等观光属性，植入直播视频等遥控元素，令更多城市居民了解和

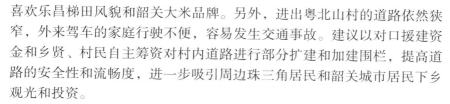

喜欢乐昌梯田风貌和韶关大米品牌。另外，进出粤北山村的道路依然狭窄，外来驾车的家庭行驶不便，容易发生交通事故。建议以对口援建资金和乡贤、村民自主筹资对村内道路进行部分扩建和加建围栏，提高道路的安全性和流畅度，进一步吸引周边珠三角居民和韶关城市居民下乡观光和投资。

3. 为返乡创业和下乡创业广开"绿灯"

首先，借助帮扶单位、媒体和高校学者等社会力量对乡村资源进行宣传，积极鼓励乡贤和村民返乡创业，增加村的创业项目，扩大村民的就业面。其次，科学指导返乡农民自主创业，大力引进保障村民民生的服务业，集资创办合作经营的农副产品深加工企业，充分利用当地资源发展特色生态旅游和品牌节庆活动。最后，积极流转和整合村民闲置和撂荒田地，探索村集体经营制度创新，通过市场化交易，吸引大湾区乃至港澳地区的中小企业工商资本优质涉农项目进入，形成有别于城市的具有浓厚地方特色、乡村特色和田园特色的中小企业项目集群。

（作者：陆剑宝，见本书勒口。李星穆，广东省普通高校特色新型智库"粤港澳大湾区新兴产业协同发展研究中心"研究人员）

第二节　村企合作助力乡村振兴
——从化区南平村调研实录

村企合作是工商资本下乡的一种重要模式，对乡村产业兴旺具有重要的推动作用。习近平总书记强调，要"鼓励和引导工商资本到农村发展适合企业化经营的现代种养业，开展多种形式的适度规模经营"。乡村振兴战略实施背景下，2018 年，广州市启动了"千企帮千村"工程，广州珠江实业集团与广州市从化区温泉镇南平村签订了结对帮扶协议。南平村乡村振兴项目是广州市科技计划重点项目专题和"千企帮千村"试验性项目，是政、学、商三界联合乡村振兴的成功典型案例，是广州市委市政府、从化区委区政府、珠江实业集团落实习近平总书记

"四个走在前列指示"和十九大"乡村振兴"战略的具体举措。中心调研团队于阳春三月来到这隐匿在山、泉、林、溪环绕的南平村，探寻村企合作的"南平经验"。

一、从南平村迈向南平静修小镇

"山有六千亩，峰拥八九座，峡谷数十条"是从化温泉镇南平村生态环境的最佳写照。全村背靠凤凰山，坐拥凤溪水，森林覆盖率高达97%。村域总面积5.03平方千米，下辖8条自然村和12个经济社，村民333户共计1273人，其中党员47名。同时，南平村是拥有深厚文化底蕴的客家村。全村历代以传统种植业为生，主要种植荔枝、龙眼、柿子、青梅等。

2016年，珠江实业集团加入南平村整体乡村振兴改造，以"静修"为主题打造以休闲度假为特色的南平静修小镇。改造之前村民收入单一，大部分年轻人外出务工，老人在家种植。改造之后南平村变成了"网红村"，许多年轻人返乡就业，村民生活水平得到了显著提高。南平村获得"中国美丽休闲乡村""国家森林乡村""广东省文化和旅游特色村""广东省十大美丽乡村"等称号。南平村"双壳槐枝"荔枝品种入选第九批全国"一村一品"示范村镇名单。

二、南平村村企合作的契机

住房城乡建设部、国家发展和改革委员会、财政部于2016年7月联合发布了《关于开展特色小镇培育工作的通知》。广东省政府自那时起开始部署推动广东特色小镇建设，提出到2020年广东将建成约100个省级特色小镇的目标。同年12月，从化区委、区政府制定出台《从化区创建特色小镇实施方案》，坚持"规划先行、政府引导、镇村落实、市场运作、典型示范、分步实施"的方针，打造10个特色小镇——莲麻小镇、古田小镇、联溪（阿婆六）小镇、份田璞归小镇、南平静修小镇、西塘童话小镇、西和万花风情小镇、温泉财富小镇、米垱小镇、锦洞桃花小镇。2017年1月17日，广州市委常委、秘书长潘建国同志主持召开南平村特色小镇建设工作会议，确定文化旅游的

"静修"定位，珠江实业集团作为南平静修小镇的建设和运营主体，助力南平村乡村振兴。2018 年 11 月 16 日珠江实业集团与南平村签订了广州市乡村振兴"千企帮千村"工程村企结对帮扶协议。双方成立了广州珠江南平投资发展有限公司（以下简称"珠江南平公司"），正式开启村企合作建设南平静修特色小镇新模式。图 6.6 为南平静修小镇，连村名石刻都充满"禅意"。

图 6.6　南平静修小镇，连村名石刻都充满「禅意」

摄影　陆剑宝

三、南平村村企合作的运作模式

企业入驻南平村，既是"输血"，更是"造血"。不仅为南平村输入了资金、技术、人才、信息以及先进的管理经验，还激活了南平村的土地、初级劳动力、农产品、在地化特有资源等生产要素，促进农业生产方式发生深刻变革。通过资源变股权、资金变股金、农民变股民"三变"改革，对闲置的校舍等村集体资源、资产量化入股，以村企 1∶4 股比组建成立珠江南平公司。由政府、村集体、村民和企业四方共谋、共建、共管、共享，逐步形成"公司＋村集体＋农户"一体化利

133

益连接机制，让村集体和村民享受年终"保底 100 万/年＋分红"。珠江南平公司注册资本为人民币 2000 万元，建业控股公司以现金出资入股，持 80% 股权。南平村经济联合社以其所拥有的近百亩果场作价入股，持 20% 股权。同时，南平村经济联合社将三个空心屋村、文化广场、生态停车场、菇场、凤溪栈道等资源交由珠江南平公司使用，珠江南平公司每年向其支付保底的资产使用费 100 万元，另加股比分红。珠江实业集团投资约 1.17 亿元，与南平村进行合作，打造宜居乡村、引进产业兴村、塑造文化强村、促进村民共创。

1. 打造宜居乡村

珠江实业集团全面推进基础设施建设、道路升级改造等工程。通过扩宽村道，升级给水系统、污水治理系统和开展厕所革命，改造了"三线"（供电、通信、有线电视）、公共安全监控、村道边附属设施、公交车站与电瓶车站等工程，指导乡村推进创建"美丽庭院"，逾 100 栋民宅外立面改造，居民污水系统改造。整理、改造帮扶村的空心房、危旧房，连片发展民俗、农家乐。建设"四好农村路"，打造精品乡村旅游线路，完善旅游标识标牌。图 6.7 为南平村的乡村基础设施，与美丽生态相得益彰。

图 6.7 南平村的乡村基础设施，与美丽生态相得益彰
摄影 陆剑宝

2. 引进产业兴村

围绕"吃、住、行、学、游、购、娱"，引入静修养生、特色农业、乡村旅游、休闲农业、生态农业。规划南平山居、南平客栈、南平

人家、水芳阁等旅宿产品，全方位提供精品特色民宿。利用南平旧小学和旧村委改造建成南平客栈，配置客房41间。已规划盘活岩口社空心村开发南平静修主题民宿，满足高端人群的需求。引入党建教育、发展乡村教育培训产业，引入成立广东省实施乡村振兴培训中心等教育培训机构，承诺了一批机关、企业、学校等各类培训实践活动。规划以荔枝园为核心的亲子农耕园和观光农业园，为都市人提供农耕、农艺、农业、农礼等多种农事体验。

3. 塑造文化强村

村企合作建设村史馆、南平文化中心、新水方阁、影视文化中心文化设施。电影制造产业链不断提升，广州城市职业学院微电影学院落户小镇，打造广州广播电视台从化南平影视制作基地。广州（国际）城市影像大赛、羊城影像国际微电影节拟永久落户南平。村企双方共同制定了《南平静修公约》，从健康养生、文明礼仪、勤俭节约、守望相助等方面入手，让静修文化元素转化为村民的自觉行动，提升村民的素质。同时，通过设立党员活动室、百姓议事厅，积极传播社会主义核心价值观，有效地促进乡风文明建设。图6.8为健康养生、文明礼仪、勤俭节约、守望相助，是《南平静修公约》的文化内核。

图6.8　健康养生、文明礼仪、勤俭节约、守望相助，是《南平静修公约》的文化内核

摄影　洪迎秀

4. 促进村民共创

支持有意愿的村民通过专业培训后回乡开办农家乐或外出就业创

业。珠江南平公司与南平村民建立常态结对帮扶机制，派出 60 多名党员干部，每人联系 5 ～ 6 户农户进行全覆盖结对帮扶，帮助就业创业，解决困难。珠江南平公司积极引导村民转变种植观念，有效地调整南平村的农业产业结构。珠江南平公司还扶持当地农副产品流通，帮助农户做大做强，提高农副产品的附加值，让村民的钱袋子鼓起来。村委组织村民表决村民合作事宜，创建了党员干部挂钩联系农户网格化管理的大数据库，建立了村"两委"干部、全体党员、经济社干部挂钩联系户农制度，有效打通了联系服务群众的"最后一公里"。

四、南平村村企合作的效益

南平静修小镇项目的建设不仅带来了良好的经济效益，也带来了较好的社会效益和生态效益。南平村从客家小山村、贫困村变成了"网红村"，通过村企合作模式盘活了山村的资源，村民返乡就业人数增多，提高了村民的收入，集体收入增加，具有一定的示范带动作用。

1. 村企合作，多管齐下

（1）引进现代农业技术。与华南农业大学生命科学学院刘伟教授、园艺院黄旭明教授合作，引入立体种植的产业规划理念，引进"石斛附树栽培"和"荫蔽荔枝园改造和荔枝高接换种"等高科技农业种植，促进荔枝种植提质增效。

（2）创新荔枝销售模式。通过"互联网＋农业＋旅游"，以"订制专享"的模式销售荔枝，实现荔枝等农产品从传统的自产自销到产品订制、定向销售的转变，创新产销模式。

（3）打造民宿、农家乐试点。扶持打造首批共 10 家民宿、小餐饮、特产商店，让参与意愿强烈的农户树立标杆，以点带面，从而带动更多农户参与小镇发展、共享小镇发展成果，逐步形成"先富带后富"的发展局面。

（4）村企合作发展主导产业，集体增收。村企按 2∶8 股比合作建设的南平客栈和共建的综合治理队伍已提供就业岗位 40 多个。特色小镇的进一步创建，特色精品酒店、会议中心等相关"造血"项目的落地，预计可为当地村民提供 300 个就业岗位。

2. 增收效果明显，带富一方村民

南平村村民收入来源主要是流转土地收入、租金收入，以及股份保底和分红收入等。村企合作约定公司每年固定给南平村100万元保底收入。村民自营民宿25间，农家乐15间，土特产店和摊位共20家，村民年收入由2016年的1.62万元增长至2021年的3.8万元，增长率约为135%。公司累计举办会务培训等活动200多场，吸引游客近20万人。公司为村民提供的就业岗位，让更多村民实现在家门口就业，不断增加村民的工资性收入。珠实集团帮助农民拓宽农产品销售渠道，打造荔枝品牌，解决农产品销售困难。抓住南平双壳槐枝产自北回归线，是全国最晚熟荔枝的产品特性，村企合作成功申报第九批全国"一村一品"。以品牌营销带动小镇推广，不仅深度参与"从化美荔"定制联盟，全面推广荔枝线上定制，而且举办了为期一个月的"南平荔枝节"主题活动，承办近百场活动。图6.9为从化"美荔定制"，三月的新芽已经在期待六月的荔枝大丰收。

图6.9　从化"美荔定制"，三月的新芽已经在期待六月的荔枝大丰收

摄影　陆剑宝

3. 人居环境改善，大湾区宜居宜业宜游美丽乡村初现

合作企业直接向南平村捐赠1500万元用于人居环境改造。三年投入8000万元用于人居环境整治工程。南平村的一草一木、一砖一瓦都被精心打理和设计改造过。通过对主入口、南平双桥、生态公园、南平公园、木棉双塘、凤凰溪流等处的景观升级改造，让人感到进入南平村

就如同进入一个生态大公园。坚持建筑物外立面整治与社道环境整治
"两手抓"，有效提升整体人居环境整治效率。经过整体统一改造，南
平村一改以往房屋破旧、布局杂乱的落后面貌，颜值和气质大大提升。
图 6.10 为南平村背山面田，春意盎然，迈步走向社会主义新农村。

图 6.10　南平村背山面田，春意盎
然，迈步走向社会主义新农村

摄影　陆剑宝

五、村企合作助力乡村振兴的经验启示

1．因地制宜，做好顶层设计

在执行项目规划建设过程中，珠江实业集团的建设团队以设计蓝图
为基础，结合实际情况制订施工方案，并根据具体情况调整规划设计。
制订施工方案要充分听取村民意见、尊重村民意愿，站在村民的角度思
考问题，将规划蓝图、设计思路向村民讲通讲透，让村民理解，这样才
会得到村民的积极支持和配合。

2．创新机制，发挥党建引领作用，构建共赢利益体

为加强党建引领乡村振兴，经从化区委组织部同意，南平公司党支
部与南平村及周边共 11 个党支部联合成立南平静修小镇党委，进一步
加强镇企村联动，打造利益共同体。

3．精准施策，激发要素活力

深化农村土地制度改革，进一步放活农村集体建设用地，盘活闲置
宅基地农房、"四荒地"等资源。通过"三旧改造"，盘活原有的小学、

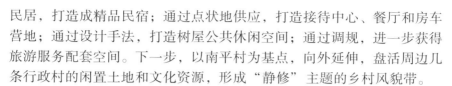

民居，打造成精品民宿；通过点状地供应，打造接待中心、餐厅和房车营地；通过设计手法，打造树屋公共休闲空间；通过调规，进一步获得旅游服务配套空间。下一步，以南平村为基点，向外延伸，盘活周边几条行政村的闲置土地和文化资源，形成"静修"主题的乡村风貌带。

4. 打造特色产业，以主导产业为抓手

疫情常态化下，文旅产业受到了严重影响，需要转换思路，根据特有的资源打造新的产业链。利用南平的荔枝资源，深耕荔枝产业链。以南平双壳槐枝荔枝品种为爆点，联合周边村落，大力宣传南修子品牌，做到规模化、专业化、集群化，建立跨县集群的荔枝产业园。建设农副产品加工体验基地，形成荔枝鲜果、荔枝干、荔枝酒、荔枝蜜、荔枝菌、荔枝鸡等特色农产品，增加产品附加值，同时打造种植、生产、加工、仓储、销售的全产业链。

5. 将服务内容项目外包给第三方

由于乡村旅游和乡村研学项目是系统性、专业性的，需要引入合作伙伴，共同建设农业观光园和亲子农耕园农业体验等研学项目；通过外包给第三方研学旅游机构，全方面从规划、路线、课程、招生、落地等多环节，增加流量，提升乡村旅游人气。

（作者：洪迎秀，广东省普通高校特色新型智库"粤港澳大湾区新兴产业协同发展研究中心"办公室主任、研究员。陆剑宝，见本书勒口）

第三节　工商资本助力乡村振兴
——大中企业乡村振兴项目的调研实录

工商资本是推动乡村振兴的一股重要力量。2018年发布的《中共中央国务院关于实施乡村振兴战略的意见》指出要加快制定鼓励引导工商资本参与乡村振兴的指导意见，落实和完善融资贷款、配套设施建设补助、税费减免、用地等扶持政策、明确政策边界、保护好农民利益。只要正确引导和监督，工商资本下乡可以激活乡村闲置资源，合理利用弃耕的土地,提供就业岗位,提高村集体收入,还可以辐射周边地区的经济发展,助力乡村振兴。调研组对清远市连江口镇连樟村、河源市顺天镇横塘村、广州市黄埔区迳下村、清远市源潭镇新马村的工商资本下乡的情况进行调研,总结出大中型企业资本下乡的模式、问题和对策建议。

一、工商资本下乡的若干模式

1. 地产企业全面帮扶乡村振兴模式:清远市连江口镇连樟村

2018 年碧桂园总部成立现代农业发展有限公司。2019 年碧桂园连樟村现代农业产业园项目正式奠基,主要种植西瓜、草莓、哈密瓜、黄瓜、樱桃、番茄、彩椒、麻竹笋、食用菌、生态茶叶等有机农产品。计划总投资 4000 万元:其中,碧桂园帮扶英德市精准扶贫乡村振兴指挥部捐赠 3000 万元,财政补贴资金 1000 万元。2019 年英德市连樟村果菜茶产业园入选广东省第二批省级现代农业产业园,省级财政补助资金 5000 万元。产业园为当地村民提供了就业岗位,当地村民可以到大棚蔬菜种植基地种植、管理田地。此外,碧桂园在连樟村建设的乡村振兴学院(含餐饮住宿、商业街等物业),还为当地村民提供物业保安、酒店服务员等就业岗位。碧桂园全面帮扶连樟村乡村振兴,提高了连樟村的村集体收入,2019 年底村集体收入 68 万元,2020 年村集体创收可支配收入 130 万元。图 6.11 为连樟村果菜茶省级现代农业产业园,是广东省唯一一个建设在一个行政村中的省级现代农业园。

图 6.11 连樟村果菜茶省级现代农业产业园,是广东省唯一一个建设在一个行政村中的省级现代农业园
摄影 洪迎秀

2. 地产企业联农带农模式：河源市顺天镇横塘村

美林油茶现代产业园位于河源灯塔盆地农高区，由美林基业集团旗下的广东美林农业投资发展有限公司投资建设。美林油茶入选 2021 年跨县集群现代农业产业园：广东油茶跨县集群产业园（河源市）。早在 2010 年美林基业就开始实验种植油茶，2013 年开始种植，经过 8 年时间耕耘，2021 年开始在河源灯塔盆地大规模种植，目前已经租地种植 1.2 万亩（约 800 万平方米），将种植 20 万亩（约 1.33 万平方米），带动当地种植 10 万亩（约 6666.7 万平方米），总共种植 30 万亩（约 2 亿平方米）。此外，油茶种植基地附近投资建设油茶加工厂，预计可实现年产 1 万吨成品油的投入。美林基业的资本下乡主要是根据"土地入股 + 保底分红"联农带农的模式：通过带动当地村民就业，针对不同工种，给当地村民不同的工资，一个月可以保障 3000 元以上。同时，公司按照流转土地的 5% 种植面积作为合作社入股土地，未来 10 年美林公司为当地村民无偿种植养护油茶，免费投入管护种苗 10 年，10 年之后把油茶免费给村民，收的果也归村民所有，产出收益归村委所有，同时以保底价格向村民收购入股土地产出的油茶果，真正实现富农，助力灯塔盆地乡村振兴。

3. 当地国企城乡连片开发模式：黄埔区迳下村

科学城集团是广州开发区最早成立的国有企业之一，2019 年科学城集团的资本大量进入黄埔区迳下村，打造数字水稻农场、院士小镇、乡村少年宫等项目。科学城集团投资迳下村主要是作为当地国企应当承担社会责任，精准扶贫助力乡村振兴，同时政府给予一些政策支持，迳下村具有打造旅游景点的潜力。课题组采访驻村书记提到科学城集团投资黄埔迳下村，除了增加了村集体收入之外，当地村民还开起了农庄和民宿，实现了在家门口就业。政府、国企和村民联动，一同改善了迳下村的人居环境，促进了城乡融合。

4. 当地龙头企业合作乡村振兴模式：清远新马村

忠华集团是清远当地龙头企业，主要是纺织制造。通过当地政府对接，在政府的推动下，流转 1240 亩（约 82.67 万平方米）村集体土地，精准配套 107 亩（约 7.13 万平方米）用地指标。忠华集团对源潭镇新马村进行了整体性改造，主要投资新马村的"飞霞龙田"项目，打造

"稻虾共生""智慧农业""亲子研学""乡村旅游＋民宿"等项目。在采访源潭镇政府领导时提到，忠华集团对新马村的投资，带动了周边就业，增加了当地村民的收入。村民每天在农业园区务工收入 100 ～ 200 元，帮助村民实现了家门口就业。图 6.12 为黄埔迳下村纳米小镇，静待陌上花开。图 6.13 为清远龙头企业支持建设的新马村乡村振兴样板区项目，突出现代农业特色。

图 6.12　黄埔迳下村纳米小镇，静待陌上花开　摄影　洪迎秀

图 6.13　清远龙头企业支持建设的新马村乡村振兴样板区项目，突出现代农业特色　摄影　陆剑宝

二、工商资本下乡存在的问题

课题组在调研各个工商资本下乡时发现一些共性问题：村民收入不

高、产业带动不明显、不同乡村之间发展差距大。

1. 村民收入还需进一步提高

目前，大部分村民只能收取固定的土地流转的收入和租金，土地溢价收入不明显，补贴收入不到位，村民实际到手收入不多。村集体收入增加，但是村集体支出很大，真正落实到村民的收入不多。课题组在调研时，连樟村村委领导反映 2021 年村集体收入 100 多万元，但是由于每天要免费给 108 个 70 岁以上的老人提供午餐，长者饭堂每年需要支出 50 多万元，一年电费需要 15 万元左右，再加上卫生费、公共路灯、公共服务等费用，2020 年分红到每户只有 200 元左右，村民分到的村集体收入很少。河源顺天镇横塘村村民虽然实现了门口就业，但是收入也不太稳定，存在旺季和淡季。目前，美林油茶带来的红利也没有释放出来，未来 10 年为村民免费种植 10 万亩（约 6666.7 万平方米）的油茶带动农民收入还是个未知数，还未真正实现带动村民致富。清远源潭镇新马村开发"智慧农业"和"鱼虾共生"只是解决了当地年龄比较大的劳动力的就业问题，还未真正实现以项目示范带动返乡就业。黄埔迳下村虽然离城市只有 4 千米的距离，但是当地大部分村民仍然外出务工，从侧面也说明乡村振兴项目提供的就业岗位还不足，村民收入不高。

2. 工商资本下乡产业带动不明显

工商资本下乡，大部分前期开始建设基础设施，村容村貌得到提升。但是产业带动效应并不明显，村民的收入得不到保障，返乡人员没有动力回乡就业。调研组发现，90% 以上农村的村民较少，大部分年轻人外出打工，留在农村的仍然是以老人、小孩为主。一方面，工商资本下乡的产业红利还未释放，收入上万元的就业岗位甚少，村民到手收入三四千元比较常见。工商资本下乡的产业并没有真正带动年轻人回村就业，主要是解决部分 50～60 岁村民的就业问题。另一方面，工商资本下乡一般采用规模化的科技农业和乡村农业，产业链条较短，对劳动力需求不多。课题组调研发现部分工商企业打造的乡村旅游项目，由于乡村游的产品特色不足和规模较小，即使节假日旅游人数仍然较少。

3. 乡村发展差距较大

课题组在调研中发现乡村发展水平差距较大，其中一个重要的原因是工商资本投入资本的多少。只要有工商资本下乡的乡村，基础设施建设比较好，村貌美丽，道路宽敞，资本投入越大的地方基础设施建设越好。连樟村在碧桂园的帮扶下基础设施非常好，村风村貌发生了实质性改变；黄埔迳下村变成了城市中的"一片绿"；清远新马村打造经典民宿旅游景点，干净整洁。但调研组在调研一些没有得到外来工商资本"输血"功能的偏远乡村，与美丽乡村的建设目标还有一定的距离。

三、工商资本下乡的对策建议

针对工商资本下乡存在的共性问题，课题组提出应对问题的对策建议：首先，丰富村民的收入来源，土地溢价收入要真正落实到户。其次，工商资本一定要发挥资金、人才和科技优势，做大做强做深乡村产业，为村民提供持续"造血"功能。最后，政府要正确引导和鼓励工商资本下乡，规范工商资本的投资行为，保障返乡村民的基本利益。

1. 土地溢价收入要落实到户，完善分配机制

工商资本下乡，存在各种各样的合作模式，村民入股分红是比较常见的模式。而对于企业分红形式，要做到公正公开，允许村民查阅相关财务收支情况，了解项目净收益情况，收入要定期公布。必须健全监督机制，完善分配机制，对于村集体收入的分配要合理。村委领导要征求村民的意见，真正把收益落实到每个村民，真正做到村集体收入增加的同时增加每个村民的收入，不要富了"村集体"，穷了"老乡"。真正增加村民持续收入的不是一次性的流转土地的租金收入，应该是土地溢价收入，保证每年收入稳定增长。

2. 资本下乡一定要带动产业的发展，持续"造血"

真正实现农村一片繁荣景象，吸引年轻人返乡就业，一个重要的动力是当地的产业兴旺。工商资本下乡一个重要的"造血"是带动当地的产业兴旺，通过挖掘当地特色资源，打造"种植－初加工－深加工－旅游观光－住宿餐饮－文旅教育"一体的产业链。只有乡村产业链足够长，才能提供更多的就业岗位，才有可能真正带动当地村民的就业问题。只有当地的产业带来的效益足够明显，才能真正提高村民的收入，保障儿童的教育及村民的医疗、生活。对于适合打造旅游景点的乡

村，工商企业和政府要联合打造全域旅游，多村联盟，丰富旅游产品，增加知名度，改善交通住宿餐饮条件，打造网红景点，让更多城市居民爱上乡村游，在乡村中留下更多的消费和投资。

3. 鼓励工商资本下乡，规范工商资本投资行为

工商资本引导得好可以发挥其重要的"先富带动后富"的示范作用。首先，精准引导。当地政府要鼓励工商资本下乡，结合当地的特色，因地制宜，一村一策。在土地、税收、金融方面给予优惠条件，提高工商资本下乡的积极性。其次，严格监管。工商资本项目下乡之前，要进行严格的审查和评估，规范工商资本的投资行为；健全完善监督体系；建立工商企业与农民利益的分配制度和保障机制。最后，风险预警。政府要做好措施预防工商企业的"圈地"行为，尤其是投资之后发现发展困难的"跑路"行为，保障村民长效利益。

（作者：洪迎秀，广东省普通高校特色新型智库"粤港澳大湾区新兴产业协同发展研究中心"研究员、办公室主任。陆剑宝，见本书勒口。陈旭东，广东省普通高校特色新型智库"粤港澳大湾区新兴产业协同发展研究中心"研究员）

第四节　脆弱性农产品的科技护航
——德庆贡柑现代农业产业园实地调研

乡村除了"靠山吃山，靠水吃水"之外，农产品种植也要"靠天吃饭"。种植风险使得农产品供应呈现季节性的供给过剩和供给不足并存的局面。一些著名的农产品产区一度由于产品质量优质和竞争对手较少，成功"突围"，带动周边村民走上共同致富之路。短暂性的气候对农产品的伤害是阶段性的、小范围的，而病虫导致的传染性疾病对农产品产区有可能造成致命的伤害。德庆贡柑和其他柑橘类农产品一样，也曾经遭受黄龙病的影响而一度走向衰落。经过多年努力，德庆贡柑在县政府和当地龙头企业的共同努力下，一起上演了一出地方农产品品牌的

"自我救赎"的好戏。我们通过走访德庆贡柑产区的政府负责人、企业和农户，了解德庆贡柑如何在科技的护航下实现重生。

一、大自然的馈赠——农产品地理标志

德庆是一个北回归线贯穿全县的地方，是中国贡柑的原产地。早在唐代开元年间已大面积种植，在北宋时期就被作为贡品的皇帝柑，至今已有 1300 多年的栽培历史。如德庆贡柑省级现代农业产业园附近的五福村，从 1999 年就开始种植贡柑，拥有 400 亩（约 26.67 万平方米）的种植面积。对于当地村民来说，种柑、施肥、栽培、摘果已成为村民的生活习惯，将一筐筐的贡柑装上运输车让村民过上了喜笑颜开的生活，同时也是村民当年重要的收入来源。村委说"当时在 1999 年，贡柑买卖一天的收入就可以达 100 来元"。当时，德庆贡柑核心种植区主要位于官圩、马圩、新圩等镇，二三十条行政村农民通过种植贡柑发家致富，当地人形象地称富起来的农民开上了"柑橘车"，住上了"柑橘楼"，娶上了"柑橘老婆"，上起了"柑橘大学"。当时德庆民间嫁娶有个说法："在德庆，娶媳妇不是彩礼要多少，而是看你家有多少棵贡柑树"。

二、"病树前头万木春"

眼见它高楼起，眼见它高楼塌。柑橘类的天敌黄龙病 2010 年开始在德庆贡柑产区流行，对德庆贡柑种植造成致命打击，德庆用了 10 年时间才把贡柑的黄龙病的负面影响逐渐消除。造成黄龙病大面积扩散的因素有以下三点：①气候灾害的影响。2010 年全国多地遭受冻害，造成德庆贡柑大面积被冻死，对产量影响重大。当时，仅靠种植贡柑为生的老百姓失去了收入来源，导致对贡柑产业投入越来越少，日复一日不管不顾。木虱此时也看准了时机入侵柑园，黄龙病开始逐渐传播开来，从此给贡柑带来的是毁灭性的打击。②苗子质量问题。当时很多老百姓因贪图便宜购买价格低的苗子，紧接着三四年后柑树普遍开始发病，德庆成为柑橘黄龙病的"灾区"，全县种植面积锐减 90%，许多农户被迫放弃家中的果林外出打工。③竞争性种植产区的出现。"沉舟侧畔千帆

过"，2012年后广西大面积种植贡柑，种植规模不断稳步增长，直至畅销全国。这对广东的贡柑市场无疑造成了巨大的冲击，也使广东柑橘种植面积从排名第一下降到第七。在黄龙病袭来时，较多农民对贡柑失去了种植信心而接踵放弃，五福村村委告诉我们，"自从2012年黄龙病大面积传播，村民大部分都外出打工，村里头的人基本上都不再种植贡柑了"。五福村曾经种植过贡柑的村干部回想起那段岁月也是心有余悸，再也不敢贸然投资种植贡柑，转而开始种植受病虫影响较小的荔枝。

三、德庆贡柑农产区的自我救赎

1. 与科技联姻，严控黄龙病传染面

2018年，德庆贡柑省级现代农业产业园正式成立，当年成为第一批广东省现代农业产业园。其中参与该产业园建设的碧桂园农业（德庆）有限公司在2019年被认定为肇庆市农业龙头企业。经过三年的栽培和细心呵护，该产业园种植的贡柑迎来了第一年的挂果期。这同时意味着德庆贡柑终于浴火重生，迎来新的贡柑时代。我们在到达贡柑产业园时发现华中农业大学的专家团队在贡柑树前勘察和议论。他们对德庆贡柑的培育是如此地重视。首先是品种优化，选取园区内表现优良的贡柑树的枝条进行进一步的选育选优，使贡柑树在扩大种植面积的同时还能提升其优良品种的繁衍。德庆种植贡柑的果农、加工厂、合作社与龙头企业碧桂园组成联合体，壮大贡柑产业。德庆贡柑产业园先后建立了贡柑现代化加工基地、贡柑无病毒苗繁育基地、高标准种植示范基地、果品检测中心，打造贡柑种苗、种植、加工、仓储于一体的贡柑产业链，随后在年底还建立了乡村振兴综合体，涵盖优质农副产品转化与供应、消费助农平台运营和乡村振兴全产业链打造与服务的三大板块。

产业园依托合作科研院校华中农业大学，研发出具有原种保育、多品优育、技术创新、大苗出圃特点的无病毒苗圃，还在官圩镇五福村租了57亩（约3.8万平方米）多地，新建无病毒苗圃温室大棚基地，包括玻璃温室、育苗温室、滴灌设施、功能房、料场及冷库。他们通过精心挑选营养土基质原材料、对采穗树进行脱毒处理、自动调节温度和湿度等现代农业技术，向周边种植户提供优质无毒果苗。改变德庆贡柑苗木参差不齐的局面，完善广东省柑橘无病毒良种苗木繁育体系，保证柑

橘产业可持续发展。据悉，该基地每年预计可培育25万株柑橘苗，可提供给德庆本地农户及广东省内外的种植户。设立的贡柑标准化种植示范园具有高垄宽行、矮化密植、水肥一体、全园覆草、智能监控、综合防治等先进优势，同时引进人才和为果农提供专业的标准化培训，并获得六项发明专利。在贡柑基地外围，一排排澳洲茶油树相当于天然防护网，有效将传播黄龙病的木虱拒之门外。图6.14为贡柑现代农业产业园，科技助农，为贡柑防止"黄龙病"保驾护航。

图6.14　贡柑现代农业产业园，科技助农，为贡柑防止"黄龙病"保驾护航

摄影　谭学轩

2. 一、二、三产业融合发展，做大、做强、做长、做深贡柑产业链

据访谈了解到，碧桂园贡柑产业园在2022年1月研究制作贡柑基酒，同时还有贡柑茶饮或将贡柑融入菜品中等衍生品新样式。接下来，碧桂园贡柑产业园计划结合当地旅游资源并开发、导入社会及集团研学游资源，打造旅游观光景点和研学游基地，让更多人了解德庆贡柑重生的故事。我们还同时调研了东璞生态农业有限公司，发现该公司基地还专门设立了农合中心首期植保无人机培训班，正有不少人在进行无人机培训，已实现半自动施肥和无人机喷药；将通过大数据采集建立模型，

实现市场指导生产。另外，东璞公司还对果商不收的柑橘的果皮进行加工，做成可以泡茶的果皮干，从多方面有效提高贡柑的利用率。贡柑企业在出口市场上较难推进，但在电商兴起的时机被创始人抓住了，乘着电商的东风，在传统销售渠道上开发现代化销售。此外，贡柑皮、贡柑糖果、贡柑＋茶，德庆贡柑企业也在慢慢探索延长贡柑产业链的模式。图 6.15 为无人机植入贡柑产业，科技无处不在。

图 6.15 无人机植入贡柑产业，科技无处不在

摄影 谭学轩

3. 品牌赋能，德庆贡柑驰名中外

德庆县被授予"中国贡柑之乡""中国柑橘产业十强县""中国果蔬无公害十强县"。德庆贡柑先后荣获"国家农产品地理标志国家原地保护标记""全国名特优新农产品""中国柑王"等称号。县长等领导干部为贡柑"打 Call"，龙头企业"贡柑妹妹"为贡柑代言。德庆县抓住农技推广、品牌打造和市场销售等关键节点有效促进农民持续增收。2021 年，德庆县树立"品质为核、文化为魂"的贡柑发展理念，积极完善德庆贡柑营销"12221"市场体系建设，提出"1 + 2 + 10"的总体目标任务。通过建设 RCEP 柑橘采购交易（广东德庆）中心、中国（德庆）柑橘国际采购中心、柑橘大数据平台等设施，推出"我在德庆

149

有棵贡柑树"等系列活动，示范推广标准化、模块化、品质化种植管理，强化文旅深度融合。以贡柑小切口推动乡村产业大发展，德庆贡柑的线上、线下均价分别同比增长 19.5%、12.3%，并成功打入德国、越南等国际市场，有效提升德庆贡柑品牌价值，同时带动柑农增收。图6.16 为好柑卖到国外去，德庆贡柑出口量不断提升。

图 6.16　好柑卖到国外去，德庆贡柑出口量不断提升

摄影　陆剑宝

德庆贡柑的实践表明，务农不穷。2021 年，德庆全县贡柑种植面积 3.8 万亩（约 2533.35 万平方米），一棵贡柑树产量可达 50 千克以上，其中优质果产量共 5000 万千克，总产值约 5.2 亿元。2022 年，通过县政府的大力支持，德庆县将实施"10 项"工程推进贡柑相关产业加快发展，全县贡柑种植面积增加到 10 万亩（约 6666.7 万平方米）以上，总产量达到 2.1 亿千克以上，总产值实现 20 亿元。德庆贡柑，未来更甜。

（作者：陆剑宝，见本书勒口。谭学轩，广东省普通高校特色新型智库"粤港澳大湾区新兴产业协同发展研究中心"研究人员）

第五节　惠州政策性淡水水产养殖保险
调研实录（上）

为有效帮助农村养殖户抵御灾害、减小损失、保障收入，近年惠州市积极推进农业保险创新，不断拓宽保障覆盖面。政策性农业保险旨在通过农业保险分散和降低农业生产经营风险，保障和稳定农民生产收益。2021年，水产养殖首次列入惠州市政策性农业保险的财政补贴范畴，快速助推和保障惠州市现代水产农业的发展和养殖户的根本利益。调研团队选择惠州市淡水养殖的主产区：惠城区和仲恺高新区，深入调研养殖户的保险现状。调研报告分成两部分，分别从疫病死亡综合保险和气象指数保险两个险种入手，探寻研究惠州为淡水水产养殖户保驾护航推出的政策。

一、惠州淡水养殖渔业现状

惠州全市淡水水产养殖面积约37万亩（约2.47亿平方米）。惠州市各县域淡水水产养殖区域分布为：惠城区集中在潼湖、沥林、陈江、小金口、水口、马安、横沥，惠阳区集中在永湖镇、平潭、良井镇，博罗县集中在罗阳镇、福田、泰美、长宁、九潭、石湾、园洲、龙溪，龙门县集中在永汉镇、麻榨镇，惠东县集中在大岭镇、平山镇、平海、港口、梁化镇、多祝、白盆珠镇、百花镇等。养殖鱼类以罗非鱼、四大家鱼为主，约占25万亩（约1.67亿平方米）。

惠州每年5—11月为台风季节，其中7—9月为盛期。广东省沿海处于台风登陆大陆的主要路径上，平均每年在广东省登陆的台风近4个，而且大部分在珠江三角洲沿海登陆（惠州市地处珠江三角洲东北端）。台风登陆伴随着狂风骤雨、风暴潮和强对流天气，会对水产养殖产业造成巨大的经济损失。除台风天气外，还有广东区域年高温时间长，淡水鱼类发生疾病概率高。

二、惠州政策性淡水水产养殖保险的种类

惠州淡水养殖户普遍存在两大难问题：一是常见的高低温导致的鱼死亡及常见疫病，往往因养殖技术等因素问题，导致经营亏损。根据本调研团队的问卷调查，此项风险导致的平均损失为 11.44 万元，最大损失为 40 万元。二是惠州地区夏季高温多雨，风灾、强降雨灾害频发，因自然灾害造成淡水鱼发生大面积损失的事故频发。根据本调研团队的问卷调查显示，此项风险导致的平均损失为 13.83 万元，最大损失为 40 万元。考虑到养殖户结构以散户为主，此类风险事件的发生很有可能导致养殖户生产中断，甚至退出市场。惠州养殖户一条扁担上的"一头气象风险，一头疾病风险"该如何应对呢？所幸，惠州保险业给出了政策性农业保险应对方案。

1. 政策性淡水水产养殖保险（主要针对气象）

承保责任为由于暴雨、洪水（政府行蓄洪除外）、风灾、雷击、地震等自然灾害或泥石流、河堤溃堤等意外事故导致鱼塘漫堤、溃堤而造成保险水产损失，或停电导致保险水产养殖鱼塘增氧机、水泵不工作等造成保险水产损失。2022 年又加入了新的气象预警指数条款。例如，连日高温达到理赔阈值，就可以直接启动赔付。保额为 5000 元/亩，费率为 8%，保费为 400 元/亩，其中省级补贴为 50%（200 元/亩），市县（区）级合计补贴 20%（各 40 元/亩），农户自缴 30%（120 元/亩）。

2. 政策性淡水水产养殖疫病死亡综合保险

承保责任为由于疾病、疫病直接造成保险水产在观察期以后的死亡，且死亡率达到 15%（含）以上，保险公司按照保险合同约定负责赔偿。保额为 5000 元/亩，费率为 8%，保费为 400 元/亩，其中省级补贴为 35%（140 元/亩），市县（区）级合计补贴 35%（各 70 元/亩），农户自缴 30%（120 元/亩）。图 6.17 为横沥镇新村的养殖户用增氧机给鱼增氧。

图 6.17　横沥镇新村的养殖户用增氧机
给鱼增氧
摄影　谢景获

三、政策性淡水水产养殖疫病死亡综合保险在惠州推广的现状

1. 养殖户们互帮互助，为保险推广做出良好典范

本调研团队走访了惠州惠城区和仲恺高新区 16 家水产养殖户。中标区域的保险公司——大地财险公司积极发挥保险力量，切实做好"三农"服务，通过拜访地方水产养殖大户，推进养殖大户先行投保，用大户带动小户、以点带面的方式，全面铺开农险工作。以仲恺高新区为例，截至 2022 年 11 月 30 日，淡水水产养殖疾病疫病保险承保面积6078.28 亩（约 405.22 万平方米），承保农户 65 户。其中，规模养殖大户 [200 亩（约 13.33 万平方米）以上养殖面积] 7 户，小户 58 户。

2. 保险公司发挥"国企担当"作用，为农户勘查理赔

各级政府、财政、水产畜牧等部门通过会议、培训、新闻报道等多种方式开展宣传；保险经办机构通过走村入户、节假日上街等，多角度、深层次、全方位开展立体宣传和案例宣传。截至 2022 年 11 月，大地财险公司"以赔促保"，总计在惠州中标区域的惠城区、惠阳区、仲恺高新区三个区，承保淡水水产养殖疾病疫病保险面积 11134.42 亩（约 742.3 万平方米），提供风险保障金额 5567.21 万元，累计赔付面积

4429.24 亩（约 295.28 万平方米），赔付金额 309.70 万元。

根据本调研团队的问卷调查显示，养殖户们对这个保险的满意度较高，其中认为"非常满意"的养殖户占比 66.7%，认为"一般"及以上的养殖户占比 91.7%，认为"不满意"的养殖户仅占 8.3%。养殖户们主要是对出险后的理赔金额能及时到位表示满意。根据本调研团队的市场问卷调查显示，两年内 90% 的农户都接受过理赔。以政策性水产养殖保险为代表的农业保险实际上承担了政府的部分职能，可以为广大农户尤其是中小种植、养殖户撑起实惠、坚固的"保护伞"。

四、政策性淡水水产养殖疫病死亡综合保险推广的难点

1. 养殖户普遍认为每亩的保额过低

不像气象指数保险，养殖户们对鱼类疾病的政策性保险是比较重视的。然而，即使是普通的四大家鱼养殖户，也认为保额过低。虽然赔付的时间普遍可以接受，但是赔付的金额一般最多在一亩鱼塘投入成本的 30%；不少接受访谈的养殖户表示，最大的损失高达平均年收入的 80%～100%。保额过低让不少想年度续保的养殖户，尤其是中小养殖户犹豫不决，认为该政策性保险如同鸡肋，嚼之无味，弃之可惜。

2. 养殖户认为该政策性保险的费率偏高，保险公司则认为比较合适

当前农户承担的保费比例为 30%，各级政府承担 70%，对应农户每亩承担 120 元/亩。根据调研结果，若是提高保额，则需要提高每亩承担的保费额度。本调研团队发现仅有 12.5% 的养殖户能接受保费价格上涨。被访户在被问到"是否会续保"的时候，80% 的被访户均反馈"看价格而定"。但是，保险公司与各级政府部门沟通多次，也表示政策性保险本身只能保护最基本的损失。且新冠疫情三年，各级政府财政也是比较紧张的。

3. 养殖户和保险公司都认为理赔技术不到位

鱼的疾病并不是几天的事情，有时候甚至会延续一两个月。大地财险和中华财险试过不少仪器设备，想通过科学技术来及时了解鱼的死亡

154

情况。但是发现目前靠有资质证书（兽医）的第三方人员现场鉴定才是最迅速和准确的方法。鱼塘发病一般具有大面积、时间集中等特点。访谈中，养殖户表示理解保险公司和第三方鉴定人员的辛苦工作，但是一边往池塘边上捞死鱼，一边还得拍照和计算死鱼数量，养殖户们表示很心痛。保险公司业务人员表示非常理解养殖户的悲痛心情，但是由于政策性保险70%的保费是由各级财政政府支出，保险理赔要求的条件比较苛刻、流程比较繁杂，保险公司也只能照章办事，否则难以迅速启动理赔。图6.18为池塘尾水处理工程，发展乡村经济的同时保住"绿水青山"。

图6.18　池塘尾水处理工程，发展乡村经济的同时保住"绿水青山"

摄影　谢景获

五、政策性淡水水产养殖疫病死亡综合保险的推广建议

1. 对养殖大户，创新保险产品，打"政策性保险＋商业性保险"的组合拳"扩面、增品、提标"

以龙头企业惠州市财兴实业有限公司为例，运用"公司＋基地＋农户"的形式，在开拓市场、产品加工增值、科技创新、标准化养殖等方面，带动马安镇中华鳖养殖向规模化、集约化、一体化发展。这类养殖大户，保险意识高，政策性保险也应该覆盖，以减轻龙头企业支援中小养殖散户的压力。另外，对于养殖大户来说，政策性保险保额的额

度太低。可以考虑开发配套的商业性保险，例如收入指数、饲料指数等商业性保险，加大对养殖大户的保障力度，真正做到"扩面、增品、提标"。

2. 对养殖散户，尽快实施"银保贷"，满足养殖户的现金流动需求

学习实施政策性淡水水产养殖疫病保险比较成功的江浙一带的经验，主要是养殖散户集合起来形成合作社，并形成一、二、三产业融合的链条式的发展。比较规范的专业合作社、养殖企业和规模养殖户，养殖规模大，投入多，风险大，投保意愿也比较强。但是，目前看来这样的实施策略暂时不适用于惠州。因此，其一，建议对养殖散户加强宣传力度，做到应保尽保；其二，针对目前养殖散户最艰难的现金流问题，尽快协商出台保险公司和商业银行实施"银保贷"，以保单作质押，缓解养殖散户短时间内巨大的现金流压力。目前，据我们调查得知，银行暂时还没有这类业务推出。有些农户通过朋友介绍去互联网金融平台，以当地饲料厂为担保人，获取大约 7% 的利率贷款。养殖散户们希望农村金融能做到更普惠。

3. 对养殖散户，保险公司应做到以防为主，做好"科技 + 防护"

第一，"以防为主"首先是要保证鱼类科学喂养，技术护航是非常必要的。可学习浙江经验，例如浙江吴兴区创新"1 个高校院所首席专家团队、1 个本地农技人员团队、产业若干个农业经营主体"的"1 + 1 + N"的新型农技推广"联盟"模式，联结科研单位专家 111 名、本地农技人员 202 名、生产主体 916 家，组建产业联盟 13 个，实现农业规模经营主体全覆盖。与浙江省农科院、市农业局三方战略合作，建设省农科院湖州农业工程技术研究中心，促进科技资源集聚和成果孵化。依托农民学院，开展"学历 + 技能 + 创业"教育培训。

第二，保险公司和当地政府机构根据上述专家团队的建议，在保险公司成本能承受的范围内，机动地举办防灾减损活动，派发防疫物资帮助农户做好预防准备；并且为长期推行此类政策性保险培育相关既懂保险又懂技术的公司人才队伍。

（作者：朱海鹏，副教授，广州南方学院金融系主任、广东省普通高校特色新型智库"粤港澳大湾区新兴产业协同发展研究中心"研究员。陆剑宝，见本书勒口。向旭东，广东省普通高校特色新型智库"粤港澳大湾区新兴产业协同发展研究中心"研究员）

第六节 惠州政策性淡水水产养殖保险调研实录（下）

《2022年省政策性农业保险工作实施方案》《2022年省政策性农业保险创新试点实施方案》都表明，农村产业振兴必须协同政策性农业保险。政策性农业保险是指那些社会公益性较强，但运作成本高、综合效益低，难以实现商业化运作，只能依靠政府主导经营的一类农业保险。本调研团队深入惠州仲恺高新区，调研其创新的政策性淡水水产养殖保险（气象指数）如何为养殖户撑起一把避免看天吃饭的"保护伞"。

一、惠州仲恺高新区淡水养殖渔业现状

仲恺高新区涉及渔业养殖面积约3.7万亩（约2466.68万平方米），具体为潼湖农场2.2万亩（约1466.67万平方米）、潼湖镇0.9万亩（约600万平方米）、陈江街道0.4万亩（约266.67万平方米）、沥林镇0.2万亩（约133.33万平方米）。辖区养殖户目前整体呈现小而散的经营特点，养殖品种多为四大家鱼及罗非鱼，目前技术水平还较多依赖过往养殖经验。鱼塘养殖易受自然灾害、病害、外来毒害等风险影响，过去因自然灾害造成大批量鱼苗死亡，仲恺高新区一些水产养殖户损失较重。为给广大养殖户提供风险保障，2021年以来，仲恺高新区农村工作局、惠州银保监分局、中华财险、大地保险等在仲恺高新区大力推广政策性及特色淡水水产养殖保险，推动该险种认知度及普及面不断提高。图6.19为仲恺区养殖户正在通过喂料机给鱼投喂饲料。

图 6.19　仲恺区养殖户正在通过喂料机给鱼投喂饲料

摄影　朱海鹏

二、创新政策性淡水水产养殖保险，为养殖户保驾护航

在惠州市农业农村局、惠州银保监分局等政府部门的领导下，中华联合保险公司惠州中心支公司联动大地保险惠州中心支公司在惠州仲恺区共同展业。保险公司就惠州辖区水产养殖现状展开调研，惠州市农村工作小组根据调研情况，在原政策性水产养殖保险的基础上增加了天气预警责任，助力惠州在水产养殖保险上成功破冰。

2021 年初，惠州推广政策性水产养殖保险的保障范围较小。原政策性淡水水产养殖保险的保险责任是因自然灾害造成的漫堤、溃坝以及水泵停电不工作造成的损失，但近年来乡村的基础设施建设逐渐完善，除地势特别低洼的少数鱼塘外，已极少出现此类情况。养殖户们认为灾害发生的概率极小，因而参保意愿普遍较低。

保险公司的业务员们在推广时发现了这个问题，经多方沟通，仲恺区最终结合区域特色，在 2021 年末出台了惠州市独有的政策性淡水水产养殖保险，加入了气象预警指数这一条款。依据该条款，在惠州气象局发出气象预警达到阈值（例如一年 10 次）时，保险就可以直接赔付。在仲恺区，近三年来气象预警次数的平均数是 50～60 次，完全满足赔付条件。在仲恺试验成功后，这个创新便于 2022 年被纳入广东省这类政策性保险的责任条款，让全省的淡水水产养殖户受益匪浅。保险公司还采用卫星遥感、无人机勘查等科技手段辅助，提升定损的效率和精准度。

在原本由农户自费的疫病死亡保险上，仲恺区还同步实行财政支持。也就是说，养殖户若是购买了仲恺区政策性水产养殖保险产品，仲恺区政府就会全额补贴需要支付的个人30%的保费，农户最犯愁的气象风险和疾病风险就可以同时解决了。保险公司的业务员们调侃说这叫"买一送一"。

三、惠州政策性淡水水产养殖气象指数保险的推广现状

为了让养殖户更好地了解这个政策性保险，当地政府机构和保险公司多次召开"农业保险－水产养殖交流座谈会"。该保险在推广过程中还有一个很具有示范性的做法，就是"大户带小户"投保。本调研团队在访谈中发现，有一定学历（大专以上）的中青年养殖大户的保险意识很强，也愿意配合保险公司和当地政府宣传推广。惠州的气象预警次数非常多，养殖户们看到了理赔的案例和益处，购买意愿高涨。即便在没有区财政补贴的2022年，养殖户们因为有过受惠经验，风险意识也有所提高，购买保险的人数激增。据惠州市保险行业协会的统计数据显示，惠州保险公司2021年承保数量18672.26亩（约1244.82万平方米），保费收入746.89万元，保障金额9336.14万元；理赔数量158亩（约10.53万平方米），理赔金额115.47万元。2022年1—11月承保数量20777.74亩（约1385.19万平方米），保费收入834.79万元，保障金额1.04亿元；理赔数量22610.18亩（约1507.35万平方米），理赔金额220.67万元。

那么，养殖户对这个政策性保险究竟满不满意呢？根据本调研团队的问卷调查得知，购买保险的养殖户对该保险"非常满意"的养殖户占比58.3%，"一般满意"及以上的养殖户占比91.7%，"不满意"的仅占8.3%。其中，农户感觉比较满意的方面主要为理赔时间。总而言之，政策性淡水水产养殖保险以"智慧气象＋优质保险"的新模式助推农业保险业务发展，切实发挥了气象防灾减灾第一道防线的作用，为惠州"乡村振兴"、建设"国内一流城市"做出了新的贡献。图6.20

为附近的鱼塘主互相帮忙清塘捞鱼销售到市场上。

图6.20 附近的鱼塘主互相帮忙清塘捞鱼销售到市场上

摄影 朱海鹏

四、惠州政策性淡水水产养殖保险推广的难点

1. 养殖户经营状况欠佳，现金流紧张

新冠疫情持续近三年，餐饮业饱受打击，上游的鱼类养殖受到的影响也较为严重。同时，饲料价格上涨接近40%，鱼类消费端价格不涨反跌，出现了"养得越多亏得越多"的情况。在资金压力下，即使是仅需自付30%的个人保费，不少散户养殖户也认为续保支付很有难度，希望在特别困难时期，政府能提高补贴保费比例到80%甚至90%。

2. 养殖户们认为保障金额太低

当前执行的赔付标准为5000元/亩，因为政策性保险不能重复购买，所以赔付金额远低于一亩普通四大家鱼能卖出去的总价格。不少农户表示，"5000元只相当于能活下来，买些鱼苗重新开始而已"。而部分养殖甲鱼、加州鲈、叉尾鮰等高价值水产品的养殖户认为，保额与水产品的价值相差甚远，一旦发生灾害，保额远远无法覆盖实际损失。

3. 财政补贴的保费拨付存在严重滞后性

政策性淡水水产养殖保险70%的保费是由省、市、区财政分比例实施补贴（此保险并无中央财政补贴），正常的保费拨付时间是一个季度一次。本团队调研得知，实施此业务的保险公司有不少没有及时收到保费，甚至严重滞后。保险公司一方面需要承担及时赔付的责任，另一方面缺乏后续资金的支持，因而在推广中陷入两难的处境。

五、惠州政策性淡水水产养殖保险的经验推广路径

1. 完善保险财政补贴政策

第一，考虑到惠州目前仍属于政策性保险的三年初步推广期，且在疫情影响、鱼饲料价格高涨和成品鱼价格跌破成本价的三重夹击下，建议地方财政对水产养殖保险的补贴比例提高到80%，且免征所有税费，逐步建立起"政府引导、渔民互助、财政补贴、协会运作"的水产养殖保险制度。目前，广州、佛山、珠海、丹阳等地都实施了农户自付20%保费的政策，以调动地方政府、保险公司和养殖户的积极性。三年期满后，农户们已经有了一定的保险意识和理赔经验，可以视市场情况再定新的补贴比例。

第二，可以改良财政补贴的时间节点。佛山顺德某地对农户的自付保费部分是：先财政补贴农户自费部分，后出险时农户支付自付保费的改良型时间节点。对于想续保又苦于资金周转的农户来说，这等于是天降甘霖。

2. 调动专业化组织力量

目前"大户带小户"的带头人效应作用虽然发挥良好，但仍处于"散兵游勇、单打独斗"的状态。建议加大对水产养殖专业合作社、行业协会等专业化组织的政策支持力度，加快水产养殖专业化组织的发展，充分发挥合作社在组织养殖户参保、防灾减灾、勘查定损、协调理赔等方面的作用。同时，发挥行业部门在防灾减灾、灾后定损等方面的积极作用，使二者相辅相成。

3. 尽快创新设立巨险分散机制

建立水产养殖业巨灾风险基金，对遭遇巨灾损失的保险公司提供一定的补偿。尽快制定大灾风险分散机制的实施细则，设立"财政支持、地方配套"的"巨灾风险准备金"，并向再保公司购买一定赔付比例的

再保险，形成小灾保险公司赔付、大灾再保公司分担、巨灾政府补助的风险分担局面。巨灾风险基金的筹集渠道主要包括财政拨款、保险公司无大灾年份水产养殖业保险保费节余滚存、保险公司的税收减免部分等，提高巨灾风险基金储备能力，提高保险公司接纳政策性保单的积极性和能动性。只有在这个基础上，才能解决如何提高保额总量的问题，切实达到惠农的目的。

（作者：朱海鹏，副教授，广州南方学院金融系主任、广东省普通高校特色新型智库"粤港澳大湾区新兴产业协同发展研究中心"研究员。陆剑宝，见本书勒口。向旭东，广东省普通高校特色新型智库"粤港澳大湾区新兴产业协同发展研究中心"研究员）

第七节　授人以渔：惠州渔业村教育振兴调研实录

乡村振兴既需要外在美，也需要内在美。外在美比较容易推进和实现，内在美则需要久久为功。教育无疑是乡村人才振兴的重要引擎。但随着广大农村人口的带动型外流，农村适龄儿童数量不断减少，农村小学合并，教育资源和教育设施进一步向城镇集中；农村教育基础设施投入的性价比不高，市场供给乏力；教育帮扶的社会化趋势下降，社会供给乏力。有别于传统的农村教育帮扶，本调研基于广东惠州巽寮湾景区渔业村的青少年教育问题，提出了乡村教育振兴的"授渔计划"，乡村人才培育的传统模式得到创新。

一、靠海而兴——从渔村走向渔业村

1. 打鱼为生的渔民，以海为家，缺乏土地

早年，渔业村的大部分村民从福建沿海一路聚集而来，生活在巽寮湾附近岛屿上。当时的渔民由于没有土地，只能靠海吃海，以渔为生、

162

以海为家，日复一日地蜗居在船上。他们主要以海洋捕捞、海水养殖为收入来源。看天吃饭的渔民凌晨便开始出海，到次日清晨才回到岸边，一趟下来的捕捞收入只有一两百元，有时还会因连续几天的恶劣天气而血本无归。新中国成立后，在政府的号召和支持下，渔民们才逐渐得以上岸。渔业村村委苏书记说："听爷爷那一代讲，渔民上岸后先在沙洲公园这一块地搭起了寮屋，开始陆上定居。渔民们常年在海上一同生活，已形成了互帮互助、团结友爱的良好村风。即使台风来临，他们也会团结合力一起将船抬上岸，并守护来之不易的寮屋家园。"此时陆上渔业村雏形初现。

2. 渔业村——政府支持渔民上岸之举

渔民上岸后，依旧存在一个问题：渔民落户的合法性该如何解决？当时政府大力支持渔民落户渔业村，并出资为居住在简陋寮屋下的渔民建村盖屋，最开始只有 34 户，发展至今已有 276 户。渔业村建设初期，村民依旧以打渔和养殖为生，但上岸后不再受海上渔船的束缚，生活也愈发安稳。到了 21 世纪初，伴随着巽寮湾旅游业的小规模发展，游客增多让村民的收入和生活逐渐好转。但当时渔业村还是一个穷乡僻壤的小渔村，村里道路崎岖、污水横流，一间间瓦房更是不规则地罗列着，严重影响游客前来游玩的体验感。据渔业村村支书苏书记了解，当时党委及镇委书记发掘出渔业村得天独厚的优势，不仅在巽寮湾旅游区的核心区，还坐拥几十家民宿、餐饮店，而且家家户户都有渔船，能够满足游客住宿、餐饮、游玩的需求。各级政府先后投入 4000 万元对渔业村进行大力支持和整顿，1000 万元将渔业村建设打造成乡村振兴示范村，3000 万元进行渔港建设，还有集体出资出力投入 700 万元，其中包含政府的财政支持 300 万元。现在从牌楼进入渔业村，村道两旁的房屋被整体打造过，一扫之前的脏乱差景象，古朴的造型营造出浓郁的渔乡气息，渔业村华丽转身变成了"省级卫生村"。图 6.21 为融入渔元素的渔业村牌坊，以及身后一栋栋崭新的楼房。

图 6.21　融入渔元素的渔业村牌坊，以及身后一栋栋崭新的楼房

摄影　陆剑宝

3. 渔业村因巺寮湾旅游而兴

2002 年之前，巺寮湾已小有规模和名气，但从事传统渔业几十年，收入单一，旅游业发展速度缓慢。2002 年起，渔业村引来了金融街集团的入驻，并在其财力支持下开始了整体的规划设计。有三个村将土地租赁给金融街，将巺寮湾的土地整顿盘活，逐渐做大做强旅游业。随着一些大企业的进驻，渔民便开始跟着做起了旅游小生意，将自家出海捕食的小渔船做成供游客游玩的休闲渔船，休闲渔业的发展也进入了快车道。图 6.22 为更新打造后的渔船停靠在岸边，供巺寮湾游客出海休闲。

图 6.22　更新打造后的渔船停靠在岸边，供巺寮湾游客出海休闲

摄影　陈旭东

有的渔民将养殖的鱼或捕捞的海鲜都拿到渔排上处理、烹饪，随后，一位大厨便开起了渔民间的第一家饭店。这位渔民的餐饮店收入大

164

增，也引起了众多渔民的关注，他们纷纷尝试开饭店，高峰时期达到40多家。

2010年8月1日，在巽寮滨海旅游度假区党工委、管委会的大力支持下，政府出资30多万元成立了巽寮滨海渔业专业合作社。通过经营休闲渔业，村民不断增加收入，渔业村成功转型为以海洋捕捞业、养殖业、休闲渔业为主的新渔村。渔船得到了有效的统一管理，渔民的收入来源也都得到了应有的保障。图6.23为由政府合资打造的渔业专业合作社，为渔民权益和行业规范保驾护航。

图6.23　由政府合资打造的渔业专业合作社，为渔民权益和行业规范保驾护航

摄影　陈旭东

近三年新冠疫情，渔业村的旅游业收入受到较大影响。疫情开始的第一年影响尚不明显，但到了第二年和第三年，收入以每年30%的速度下降。曾经合作社渔船在最高峰可载客7万次，现在只有3万次不到。渔业村苏书记说："疫情后，很多捕捞船基本上被丢弃了，后来我们把40条更新改造了回来，继续进行捕捞。发展的重点还是旅游产业。"从以前单纯靠休闲渔业合作社的一个支柱产业，到现在集体成立一家旅游公司，全村统筹资源，抱团发展。之后，即将建设好的码头将投入运营，还会将沙洲公园出租给公司，五年之后按照5%的收益递增。

二、仓廪实如何知礼节

有时候，富裕来得太突然，也是幸福的烦恼。渔业村村民受老一辈的影响，忙着继承家族渔业，却忽视了年青一代受教育的重要性。虽然巽寮湾旅游的兴起带动了共同富裕，但生活富足之后，精神富足又如何实现？

财富能为渔业村带来外在美，但该如何给渔业村带来内在美？渔业村老一辈的村民大部分都是以海为生的渔民，受教育机会较少，文化程度普遍不高。一方面，村里小部分渔民因为财富来得太快，不会再像以往那般勤劳，逐渐出现了一些"懒汉思想"的苗头。另一方面，村民们不用干活，每年待在村里就有十几万元的收入，瞬间失去了奋斗的目标，变得迷茫，也影响了渔业村之前优良村风家风的传承。

渔业村存在年青一代受教育水平相对不足的问题。首先，本村的青少年对学校的教育接受程度相对较弱，易产生厌学、逃学心理。其次，渔业村第一代村民对教育不够重视，对孩子的教育缺乏系统性。课题组通过采访村主任了解到，部分村民想法非常简单，认为目前已经拥有了财富及多艘渔船，便能全部传承给下一代，会告诉年轻人"读书落后不要紧，回家开渔船就能赚钱了"，对青少年逃学、辍学现象也是听之任之，导致很多年轻人到初中毕业就辍学回家开渔船。最后，渔业村青少年的综合能力不足。渔业村不仅缺少教育资源，青少年也不太愿意接受教育，高考本科录取率很低。教育对乡村振兴有重要的正面作用，否则原本质朴的乡村就会变成"问题村"。唯有提升村内青少年的教育文化水平，方能为渔业村锦上添花，不然渔业村的富裕就难以为继。

苏书记提到，村民生活的逐渐富裕让他很开心，但渔业村的教育问题也让他烦恼不已。他下定决心改善现状，发挥党建基层干部的先锋模范作用，推出了村干部入户推广教育制度，每个村干部都要负责村内若干个青少年的入户访谈，鼓励并支持青少年继续接受文化教育，同时疏通其父母的固化思想，让他们认识到教育的重要性。频频出招，但难以"春风化雨"，部分青少年依旧不愿回归校园。由此可见，仅通过口头教育还存在不小的局限性。

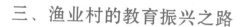
三、渔业村的教育振兴之路

1. 乡村教育的重要性

乡村振兴要依靠自产自销的人才，必须依靠教育。乡村振兴需要能胜任新型农业岗位的新时代农民，基础教育、高等文化教育、新型农村职业教育都是教育振兴当中必不可少的一环。党的十八大以来，乡村教育振兴的受重视程度不断上升，办学条件明显改善，城乡差距逐步缩小。全面改善贫困地区义务教育薄弱、学校基本办学条件的工程已启动，覆盖2600多个县、近22万所学校，规划投入5000多亿元，惠及4000多万名学生，前所未有地改善了贫困地区学校的办学条件。同时，建立了城乡统一、重在农村的义务教育经费保障机制，进一步健全了义务教育经费稳步增长长效机制，更多的社会资源向乡村教育倾斜。

再者，统筹谋划部署，提高育人质量。对基础教育包括农村教育改革发展做出全面部署，标志着我国农村教育迈入了全面提高育人质量的新阶段，但目前城乡之间的教育基础仍然存在较大差距，乡村的师资普遍缺乏，远远无法满足学生们的教育需求。

此外，乡村父母也对乡村教育并不重视，认为青少年读书并无用处，所以经常让青少年辍学外出打工，不给他们提供继续上学的机会。收入不足也制约了青少年进一步接受更好的教育。虽然全国已经实现全面脱贫，但还存在着收入低、不稳定的现状，难以负担教育所需的学费。

2. "授渔计划"的构想和做法

"十年树木，百年树人"，实现乡村教育振兴并非一朝一夕就能完成的伟大工程。目前，乡村教育振兴成效不明显，教育帮扶乡村振兴还缺乏较为成功的模式和经验。针对渔业村的教育困境，需摒弃之前的传统帮扶乡村教育思维。乡村的教育振兴目标是要让乡村青少年发展成为具有综合素质和能力的青少年，以满足当今的社会需求。基于此，就要进行系统性的设计和规划乡村教育帮扶计划，合理利用城市的教育资源。

首先，要整合高校优质的学生和教师资源，通过定期下乡支教的方式，派遣高校的学生和教师在乡村扎根一段时间，传授文化知识。激发青少年对学习的兴趣。其次，要整合市场教育机构的资源，充分发挥企业的优势和能力，为乡村青少年提供不同种类的实践课程和实践机会。最后，媒体、报刊要承担起社会责任，报道乡村教育振兴的困境，对帮扶乡村教育的模式进行持续报道，引发社会更加广泛的关注。

3. 打造教育振兴示范点

渔业村是万千乡村中的一个缩影，渔业村所面临的困境也正发生在中国很多乡村中。课题组将以渔业村为试点，打造"授渔计划"，以每年每届轮换的"薪火相传"模式进行，引进高校的学生和教师资源，由学生和教师定期对渔业村青少年进行教育培育；对渔业村青少年进行世界观、人生观和价值观的重塑，提升渔业村青少年的综合素养；通过引入研学机构，提供公益性研学项目，从而进行内容产品植入，吸引更多的游客前往渔业村，培养出一批懂渔业、爱渔业、服务于渔业的青少年。

广东目前的乡村振兴成果，基本还聚焦于硬件建设和美丽乡村建设，深度的内容建设相对缺少，特别是乡村教育振兴一直没有好的抓手。通过"授渔计划"帮扶惠州渔业村青少年教育，打造广东乡村教育振兴示范点，从而把乡村教育振兴经验复制推广到类似乡村。

（作者：陈旭东，广东省普通高校特色新型智库"粤港澳大湾区新兴产业协同发展研究中心"研究人员。谭学轩，广东省普通高校特色新型智库"粤港澳大湾区新兴产业协同发展研究中心"研究人员。陆剑宝，见本书勒口）

第七章　乡村旅游创业

第一节　多村联盟，探索乡村旅游新模式
——河源市紫金县调研实录

　　乡村旅游是实施乡村振兴战略的重要路径。如何优化乡村旅游要素配置，打破行政区域管理限制是现阶段结合乡村振兴战略、推动乡村旅游产业现代化的重要命题。紫金县作为农业大县和生态大县，乡村旅游资源丰富且未被破坏。且身处粤港澳大湾区腹地，依托河惠莞高速，深圳市到此地仅需 2 个小时左右，距惠州市车程仅半个多小时。在拥有大湾区庞大客源市场的前提下，如何提升区域旅游吸引力，迎合市场受众需求，打造具有"紫金特色"的乡村旅游发展新模式？

　　调研组通过对紫金龙窝镇承龙嶂茶园、龙窝镇彭坊村稻鱼共生网红点、龙窝镇牌楼村大榕树耕读文化园、紫城镇客茶谷、九和镇荷鹭欢乐谷和温泉康养特色小镇等紫金县典型乡村振兴项目进行实地调研，对紫金县进行跨乡村联建融合、助力乡村旅游产业的实践经验形成调研报告。

一、乡村旅游发展现状：资源种类多样，规模小而零散

　　紫金县旅游资源种类多样，遍布全县。如以武顿山为代表的观光资源，以苏区革命烈士纪念碑为代表的红色资源，以龙窝镇承龙嶂、紫城镇客茶谷为代表的茶旅资源，还有以九和温泉康养特色小镇、敬梓温泉康养小镇为代表的温泉资源。但受资源分布较散、目的地知名度不足和区位条件单薄等因素制约，紫金县乡村旅游未能形成村域联动联建，整体效应较低；旅游资源整合不足，呈个体化发展趋势；村域旅游业态单

一, 产业价值链难以延伸, 附加效应较低。

二、乡村旅游发展对策: "四大端口" 跨村连接旅游集群配置, 创新乡旅联盟发展新思路

近年来, 紫金县委县政府力抓 "融深融湾" 战略发展期, 倾力打造粤港澳大湾区宜居宜业宜游优质生活圈重要承载地, 全力推进集 "温泉文化、客家文化、生态文化、乡村旅游" 为一体的旅游产业发展。当地以乡村旅游发展为重要抓手, 促进跨村旅游资源共享、业态要素共建、补齐农村资源短板; 实现跨乡村联建融合, 聚旅游集群动能; 发挥旅游资源集群效应实现突围, "四大端口" 跨村连接旅游集群配置, 创新跨村联建旅游新模式, 为紫金县乡村振兴项目建设探索了更多的可能。

1. 旅游供给端——组织共建, 统筹区域发展

紫金县委县政府依托重点旅游项目规划建设, 统筹指导旅游与文化、乡村、农业、康养等产业深度融合, 通过整合构建全方位、立体化、体验佳的多村联动旅游产品供给体系, 描绘 "多村联动、多景融合、多业共建" 的旅游供给端; 从财政预算、用地规划和专项指导等方面高站位部署乡村旅游业, 如单列旅游专项发展建设资金、构建旅游用地行政规划指标体系、组建旅游规划专家组等; 打破行政区域限制, 宏观推动多村联动, 探索如 "承龙嶂茶园 + 稻鱼共生基地 + 田园耕读 + N" 此类串珠成链, 集农业观光、研学体验和茶产业文化于一体的多村融合旅游示范片区, 全力推动全县村域旅游大格局形成。图 7.1 为位于紫金县龙窝镇彭坊村的龙王绿茶旅基地, 集茶种植、加工和文旅于一体。

图 7.1　位于紫金县龙窝镇彭坊村的龙王绿茶旅基地，集茶种植、加工和文旅于一体

摄影　谭学轩

2. 旅游需求端——产业共创，迎合市场受众

紫金县结合"多村联动、多景融合、多业共建"发展思路，发挥区域资源独特性，跨村补充旅游产品内容，错位差异化开发旅游产品，实现市场受众差异化服务；将"食、住、行、游、购、娱"旅游六要素融入旅游全线建设，致力多村互通互联；修建完善交通连接线，疏通乡道村道，修缮桥面、道路等乡村"毛细血管"，促使交通通达度和环境承载度提升；串联沿线产业资源、旅游景点，建设沿线旅游休闲农家乐、休闲度假区等；开发区域多村特色融合夜市，拉动"夜间经济"消费活力上升，培育旅游购物新业态；鼓励旅游企业提升企业经营规模和发展质量；打造"全方位、全产业、全过程"的多村旅游产业共创机制，满足旅游者需求心理，让游客有良好的体验感。

3. 旅游中介端——资源共享，引导特色宣传

跨村联建实现旅游资源共享，发挥资源集群优势，加强全县"旅游+农业""旅游+文化""旅游+康养""旅游+研学""旅游+产业"等特色品牌建设，力求全县旅游全年"一季一特色，一景一节事"旅游可持续发展，实现全县旅游无淡季。做强"特色节事"文章，做大现有的茶旅文化节、客家文化美食节和花朝戏剧文化艺术周等文化旅游节庆品牌，创新开发新品牌。发挥紫金县旅游行业协会桥梁作用，连接"政府－乡村""企业－乡村""乡村－乡村"等，汇聚主体合力，

探索创新多元模式，以点带面、串珠成链，推进乡村振兴有序高效发展，营造健康、稳定、规范、有序的旅游市场环境。图 7.2 为位于紫金县龙窝镇牌楼村的大榕树耕读文化园，是为迎合农耕和研学热点而打造的一个乡村新景点。

图 7.2　位于紫金县龙窝镇牌楼村的大榕树耕读文化园，是为迎合农耕和研学热点而打造的一个乡村新景点

摄影　谭学轩

4. 旅游支持端——政策共联，打破单一模式

因为紫金县各村地理区位、资本投入、开发潜力和政策扶持等条件存在差异，政府在促成跨村联建时，需结合各村实际条件，匹配相对的村域旅游资源配置的公共支持，进而影响村域旅游发展效率和成效水平。以构建跨村融合示范带为引领，建立文化旅游综合推进机制，推进跨村联建旅游规划与全县经济发展相促进，使资源在扶持下发展。例如，九和镇金光村正是基于广东省交通厅扶贫项目，大力发展南药种植加工和观光购物，通过土地流转和劳动力雇佣使其每年享受保底收益。发挥社会组织基层作用和吸引乡贤资本回村也是旅游支持端的一股强动力，政府整合一切可用力量，促成旅游支持端稳定输出，重点推进乡村振兴相关规划深度融合。图 7.3 为紫金县九和镇的金光村，在广东省交通运输厅的定点帮扶下，变身成为风景怡人的美丽乡村。

图7.3　紫金县九和镇的金光村，在广东省交通运输厅的定点帮扶下，变身成为风景怡人的美丽乡村

摄影　陆剑宝

三、多村旅游连线的创新之路

紫金县的乡村旅游围绕"紫金蝉茶、红色文化、客家文化、康养度假"四张名片，针对旅游基础设施建设、资源整合规划编制、旅游产品设计、宣传推介等进行系统开发，制定旅游产品开发、公共服务、营销推广等旅游专项规划、实施计划或行动方案，打造县级旅游环线、跨村联建旅游示范片区。以乡村振兴为抓手，以休闲农业和乡村旅游示范镇、文化和旅游特色村为重点，将各村优势资源整合共享，打造成多种跨村联建旅游精品，在广东的乡村旅游发展中走出了一条创新探索之路。

（作者：陆剑宝，见本书勒口。刘海洋，河源市紫金县乡村振兴局局长。欧阳孝芃，广东省普通高校特色新型智库"粤港澳大湾区新兴产业协同发展研究中心"研究人员）

第二节 "网红村"带动全民创业
——从化吕田镇莲麻村调研实录

乡村旅游是促进农村产业结构调整、充分利用农村剩余劳动力资源、维护农村社会经济可持续发展的重要途径。国家越来越重视乡村旅游业的发展，政策上鼓励、财政上支持。发展乡村旅游，打造良好的营商环境，不但增加了村集体的收入，村民们还可以在村子里实现就近创业、就近就业。增加收入之余，还提升了村民的幸福感。研究团队通过调研广州最北的行政村——莲麻村，了解偏远山村如何将生态的"绿水青山"转变为旅游的"金山银山"。

一、广州最北山村逆袭成"网红村"

莲麻村位于吕田镇北部，坐落于广州版图的最北端，北接韶关市新丰县，东临惠州市龙门县，是珠江三角洲通往粤北、华东地区的交通咽喉，是广州的北大门，国道 G105 线、大广高速（G45）、省道 S353 线贯穿全境，距离从化城区 68 千米，距离广州市区 128 千米，距离大广高速地派出口 5 千米，交通十分便利。莲麻村地处丘陵地区，三面环山。全村总面积 40 平方千米，林地面积 5.35 万亩（约 3566.68 万平方米），耕地面积 1400 亩（约 93.33 万平方米）[水田 1200 亩（约 80 万平方米），旱地 200 亩（约 13.33 万平方米）]，森林覆盖率达 89%，自然条件优越，环境十分优美。莲麻村下辖 11 个经济社，农户 424 户，总人口 1582 人，主要是客家人。该村设立党支部，共有党员 50 名，其中书记 1 名，支部委员 4 名。图 7.4 为过去贫困偏远的莲麻村，逆袭成"网红村"。

图7.4 过去贫困偏远的莲麻村，逆袭成『网红村』

摄影 洪迎秀

过去的莲麻村是广州最北、最偏远的贫困村。如今的莲麻村按照政府引导、村委组织、农户参与和企业运营的方式，以绿色生态、美丽环境为基础，依托红色历史文化（黄沙坑西片红色文化教育区），以酿酒技艺为抓手，重点发展酒文化产业、红色文化教育、休闲度假、乡村旅游、观光农业等产业，真正实现了全民在家门口创业就业。2015—2019年，有330户村民通过就业增收，平均增收2.57万元；通过创业，有47户村民增收，每户平均增收12.61万元。莲麻村随着民宿、餐馆、店铺、酒馆、酒铺、酒坊的开办，大大提升了村集体和村民的收入。

二、"网红村"的旅游带动全民创业效应

以乡村旅游业为主线，以酿酒文化为爆点，莲麻村实现了全村全民创业就业，并涌现出多样化的创业模式。

1. 村民自主创业模式

（1）基于莲麻村传统技艺的创业：酿酒产业。莲麻村的祖祖辈辈都会酿酒，具有酒文化传统，俗称"酒乡"。因为地处广州水源地——流溪河源头，优质的生态环境和水质，再加上祖传的制曲技术和古法酿酒工艺，酿出来的酒醇正甘甜。经过不断努力，形成"莲麻山香"传统散酒和"水酝洞"商务接待用酒两大系列和三大特色酒：莲麻白酒、莲麻五粮酒和客家黄酒。每种酒各有风格，白酒柔绵、五粮酒甘冽、客家黄酒浓郁。莲麻村村民家家酿酒，是实现全面创业的模式之一。莲麻村建造了标准化酒厂和260米长的酒窖，内有250个藏酒洞，可藏酒约

300 吨,同时连片打造面积超过 5000 平方米的酒鬼街。目前,莲麻小镇已发展酒作坊 30 多家,成立了莲麻白酒协会,对酒的品质和生产进行标准化管理,并通过网红直播带货,推动莲麻酒业的发展。图 7.5 为十里酒巷,十里酒香——莲麻村。

图 7.5 十里酒巷,十里酒香——莲麻村 摄影 陆剑宝

(2)基于旅游配套服务的衍生创业。莲麻村成为"网红村"之后,越来越多游客到莲麻村游玩,客观上带来了庞大的餐饮、住宿和购物消费需求。村民们看到了其中的致富机会,围绕民宿业、餐饮业、零售业创业。游客们在莲麻村进行游玩时,通常会选择购买一些当地的乡村特色产品,村民就在家门口和公共景点处提供地方特产销售服务。还有村民将自己的房子改造成农庄、民宿,给游客们提供餐饮、住宿服务,满足游客们的消费需求。

2. 村委成立村旅游公司模式

莲麻村挖掘传统民俗和原生态乡村环境的特色消费需求,筹建成立管理公司,村民以土地、闲置农舍等生产资料作价入股,大力发展精品民俗农家乐。通过对民宿、农家乐进行市场化运作,引导有发展意愿的村民参与民宿、农家乐的经营。在外立面改造、内部设施建设、运营管理等方面加以指导,形成特色品牌。管理公司帮村集体创收,通过停车场收费、店铺收租、村集体用地出租等形式,提供本村保安、保洁、司机、导游等 20 多人的岗位工作,还帮助村民购买社保。图 7.6 为莲麻村酒坊正在酿酒，酒香扑面而来，忍不住"品一口"和"买些走"。

图 7.6　莲麻村酒坊正在酿酒，酒香扑面而来，忍不住『品一口』和『买些走』

摄影　洪迎秀

3. 地方院校助力乡村振兴模式

该模式的特点是外来的社会资本进入莲麻村，用资本来激发莲麻村的"三旧"生产要素。从化的华夏职业学院和莲麻村达成合作，华夏职业学院作为投资主体投入资金 600 万元，将莲麻村 9 户农民闲置多年的三栋共 1025 平方米泥砖房作价 160 万元作为出资，共同打造成具有浓郁乡土气息和岭南文化特色的写生实践基地和学生德育实践基地。校村合作经营 35 年，并且按照出资比例共享经营红利。民宿项目还雇佣当地的村民为工作人员，增加了村民的收入。

4. 外来公司创业模式

（1）优质水资源活化。莲麻村通过特色小镇建设平台的契机引入外来企业来激活乡村活力和农业生产力，引进长寿村天然矿泉水厂。莲麻村生态环境优美、森林覆盖率高、负氧离子极高、矿泉水质资源好，又是流溪河的源头。2021 年天源长寿村从化水厂在莲麻村建设矿泉水厂，计划投资 4 亿元，占地 30 亩（约 2 万平方米），建筑面积 4 万平方米，预计可以提供 200 个就业岗位，该项目预计产后年产值达 5 亿元。

（2）观光农业项目。吕田镇对莲麻小镇进行全域性、全季节旅游策划，精心定制以赏花、摘果、乡愁体验为重点的四季乡村旅游日程表，引进企业。该企业租赁 3680 亩（约 245.33 万平方米）水田和山地，打造"莲麻花海"，种植有机蔬果和观赏性花卉，同时建设露营基地，为游客提供赏花休闲的好去处。为当地村民带来租金收入和营业分红收入，同时促进 70 户农户就业，每年每户增加劳务收入 3 万元。

三、莲麻村产业发展的痛点和堵点

莲麻村通过乡村旅游带动全村创业这种模式，虽然带动了莲麻村振兴，提高了村民的收入，促进了莲麻村人居环境的改善，但仍然存在一些旅游乡村共有的痛点和堵点。

1. 疫情影响旅游业，村民收入减少

受到疫情的影响，市民们前往莲麻村旅游不如往日。莲麻村缺乏游客，也就缺少了消费需求。消费需求的消失对于莲麻村的民宿业、餐饮业、酒业影响较大，村民的收入受损。受疫情的影响，莲麻村出现部分民宿、餐饮店、酒坊退出市场的现象。

2. 莲麻村的旅游景点少，难以吸引游客过夜

莲麻村的旅游景点规模小、数量少、过于分散，没有形成专门的旅游集聚景区。游客们来到莲麻村，通常一天半天就可以游玩完莲麻村。缺少游客在莲麻村过夜，不利于莲麻村的收入增值。

3. 本地旅游产品竞争力不强

莲麻村种植的特色水果是三华李、砂糖橘等。但受莲麻村的土壤、气候等客观因素限制，莲麻村所生产出来的农作物不如吕田镇其他乡村的农产品质量高，缺乏竞争力。莲麻村的民宿、酒馆虽然数量多，但多以户为单位进行创业，建设民宿、餐饮、酒坊等，呈现分散和小规模的特征。

4. 莲麻村对人才下乡和人才回乡的吸引力不足

莲麻村大量的年轻人外出打工，不愿意留在莲麻村发展。首先，其根本原因是莲麻村的公共服务、教育资源、医疗资源均不如城市，没有足够的吸引力。其次，年轻人留在莲麻村所获得的收入较低，不如外出城市打工所得的多，待在乡村里的收入普遍低于外出城市打工所获得的收入，导致乡村留不住年轻人，是中国乡村的普遍通病。莲麻村缺少青壮年劳动力，就会导致莲麻村老弱化、衰落化。莲麻村缺乏吸引人才的

环境和政策，所以人才不愿意下乡来到莲麻村，从而缺少有关于农业种植、乡村旅游、农村电商方面的人才。由于人才缺乏，导致莲麻村的农村电商、直播带货等活动无法正常展开。同时，还会导致莲麻村的创新原动力不足，不能做出更多的旅游创新和改变。

四、莲麻村持续走红的发展路径

莲麻村应如何利用邻近广州城区的地理优势，保持乡村旅游旺盛，提升村民收入的态势呢？

1. 通过宣传"广州市民近郊游"概念，对抗乡村旅游疲态

利用莲麻村山清水秀和人口不密集的特点，抓住广州 1000 多万元的旅游消费基数，宣传"广州市民出游'网红村'"的口号。在疫情常态化背景下，人们会更加倾向选择一些远离市中心的地方去旅游度假，而城郊美丽宁静的乡村会成为首选。莲麻村借助自己的"网红效应"和红色资源、绿色生态等基础，通过与旅行社定点合作，吸引更多广州周中和节假日的游客。

2. 乡村景点要集聚化和规模化发展

将民宿、餐厅、酒坊的旅游动线串联起来，打造"一步一景"。由村干部统一动员和劝服村民，整理利用撂荒土地，引进建设大型的田园文旅景点和研学教育公司乃至民办幼小初教育集团，打造莲麻村一、二、三产业融合综合体。

3. 农村核心产业要提档升级

莲麻村所产的酒以糯米酒为主，质量上乘。村民可以将酒进行文化包装，如将莲麻村所特有的客家文化融合进酒文化里，打造出"客家酒解忧愁"的文化 IP，提升酒的知名度和曝光度，吸引更多的人前来购买。另外，利用"互联网+"，通过直播带货与线上销售平台进行合作，做到线上、线下两条渠道并举。

4. 旅游为媒，吸引青年人才下乡

乡村要发展，人才集聚是最关键和最根本的条件，莲麻村如今陷入了没有人才的尴尬境地。莲麻村要创造出更多的旅游众创空间，提供更好的公共服务，以此来吸引从化大量高校师生来到莲麻村进行微创业示

范，带动更多年轻人才集聚于此。

（作者：陈旭东，广东省普通高校特色新型智库"粤港澳大湾区新
兴产业协同发展研究中心"研究人员。陆剑宝，见本书勒口。洪迎秀，
广东省普通高校特色新型智库"粤港澳大湾区新兴产业协同发展研究
中心"研究人员、办公室主任）

第三节　阅丹之美
——仁化丹霞山景区对周边乡村的带动效应

"靠山吃山，靠水吃水。"在广东，有些乡村由于背靠著名的风景
区，享受着旅游目的地的游客溢出资源，从而走上脱贫和致富之路。但
又因为乡村的具体地理位置、旅游交通路线、村干部领导能力和村民发
展意识等种种差异，即使同样是背靠著名风景区，其乡村经济发展之路
也可能有所差异。调研团队的韶关之行在乐昌三山村后，转到了广东首
个世界自然遗产，也是中国"丹霞地貌"的命名地——仁化丹霞山。
团队以丹霞山腹地中的瑶塘新村、夏富村和牛鼻村为调研对象，重点研
究著名景区对周边邻近乡村的差异性带动作用及其内在原因。

一、著名景区对周边邻近乡村的差异性带动作用

1. 全面带动型——瑶塘新村

近水楼台先得月，瑶塘新村位于丹霞山主门入口山脚，地理位置优
越，附近的丹霞山自然风光极为集中，是省级新农村示范片主体村之
一，有"丹霞彩虹"之美誉。在丹霞山的孕育下，瑶塘新村取得了非
凡的成就，在丹霞山旅游目的地中扮演着重要的角色。

（1）产业带动方面。 在丹霞景区和阅丹公路开发之前，瑶塘新村
大量的劳动力进城打工，导致该村成为"空巢"。随着丹霞山旅游产业
的开发，在政府的带动和村干部的推动下，全村拆旧建新，大量撂荒地

被政府调规和征收开发为停车场和楼房。2015—2019 年，在火爆的丹霞山旅游经济效应的带动下，瑶塘新村形成了全丹霞景区重要的三处民宿集聚地。高峰时，瑶塘新村拥有超过 380 家民宿和多家餐饮店、书店以及特色产品售卖摊等。由于住宿单价较高，一家民宿一年可获得高达100 多万元的营业收入。瑶塘新村村集体月收入可达 40 万元左右，是调研团队目前走访过的 63 条村落中村集体收入最高的一条行政村。图7.7 为借助丹霞山旅游带动发展起来的瑶塘新村民宿群，高峰时全村有300 多家民宿。

图 7.7　借助丹霞山旅游带动发展起来的瑶塘新村民宿群，高峰时全村有 300 多家民宿

摄影　当地某民宿主人

（2）**创业就业带动方面。**丹霞旅游业的发展，激发了全村村民投入创业的积极性，不少年轻人返乡开设民宿和餐馆，使得瑶塘新村连晚上都一改以前的"乌灯黑火"。大部分村民都选择创业开民宿和开餐厅当老板，有的村民把房子出租给其他投资者经营，一年至少可得 8 万元的租金收入。据访谈得知，该村村主任将两栋民宿以 4000 元每月租赁给两户贫困村民经营，让两家贫困户成功实现了脱贫。"一业兴百业兴"，丹霞主题民宿的投资潜力高，吸引了广州、深圳及北京等地的老板前来开设主题民宿，并以出租的方式交由村民经营。村民农闲时可做民宿餐厅清洁工、服务员等，月收入超过 4000 元。民宿和餐厅带动当地就业岗位数量相当充足、收入可观。

（3）**生态优化方面。**自丹霞景区开发以来，各级政府在瑶塘新村投入大量资金，着力改造村容村貌、疏通河道、污水治理、硬化泥路、拆旧房建新房，从泥巴路蜕变成油柏路，把垃圾处理承包给北控环境公司统筹管理，一改此前脏、乱、差的农村形象。瑶塘新村作为丹霞山旅游目的地的接待服务门面，受到省市级相关政府部门的高度重视，经常到丹霞山这一片乡村区域进行不定期督查。乡村生态环境保持好的另一个原因是因为村里十几年的生态环境保护宣传教育，如每周五下午，会有市区号召的党员报到清洁活动，带动村民们一齐清扫村街道，让丹霞山附近乡村保持干净，防止破坏丹霞地貌的自然生态。政府不允许在丹霞山景区内设置路灯，并且在临近傍晚时关闭景区，目的是能更好地保护原生态的自然环境以及动植物的生活习性。

优点：乡村服务意识大大提升。丹霞山作为世界级的旅游目的地，是韶关的名片、仁化的门面，更是瑶塘新村的颜面。瑶塘新村的村民本身带有良好的客家乡风，丹霞山的品牌美誉维护更是带动了村民服务的热情。村民民宿的主题内容、装修风格和命名方式丰富多彩，多以中式风格、地中海风格、田园风格、北欧风格为主，适应多国多地区游客的需求；前台服务员不仅接待热情周到，还为游客提供 24 小时服务；为满足国际游客需求，某民宿的主管更是主动为村里民宿的接待员提供英语培训。可见该村旅游带动了村民自身素质的提升，也潜移默化地影响了下一代的服务意识和素质教养。

不足之处：丹霞山对瑶塘新村的带动效应是非常明显的，也很有亮点。但受疫情影响，瑶塘新村产业较为单一的弊端开始显露。由于丹霞山的自然生态保护要求，村里无法进行其他大型项目开发及其他产业发展，仅靠旅游业的带动，导致瑶塘新村产业链过于单薄，对外部冲击的抵抗力不足，容易出现经济崩溃的现象。据访谈，曾经单价 880 元每间都能住满客人的民宿，受疫情影响下降到如今端午节的 260 元每间却留有空房。从服务水平和质量看，民宿村的丹霞主题旅游衍生品供给不足，对丹霞文化深挖不足；景区内部缺乏多种语言标识指引；大部分工作人员缺乏专业性的服务礼仪培训和对景区的全面了解，在面对国际游客时会出现语言不通的情况。

2. 部分带动型——牛鼻村

阅丹公路的末段，是村名十分形象的牛鼻村。在阅丹公路开发之前牛鼻村基本上处于原始村落的状态，老旧的瓦房、泥泞的小路、四处放养的牲畜，游客少之又少。随着阅丹公路的修建，为牛鼻村开辟了一条新的致富通道。丹霞山管委会开发了牛鼻村竹筏漂流项目，通过门票捆绑丹霞山阳元石景区等网红景点的方式，把丹霞主景区的游客引流到牛鼻村竹筏漂流项目，继而带动牛鼻村的旅游业发展。项目开发以来，吸引了大量的游客到来，带动了全村的旅游经济发展，受惠村民收入增加了3倍。图7.8为烟雨中的牛鼻村，最佳打卡点：丹霞"观音坐莲"。

图7.8 烟雨中的牛鼻村，最佳打卡点：丹霞『观音坐莲』

摄影 陆剑宝

此外，牛鼻村的一大特色是从事厨师行业的人多，村里292人中就有36人从事厨师行业。与此同时，仁化县不断推进"粤菜师傅"工程，将牛鼻村打造成远近闻名的厨师村，满足了丹霞山旅客的餐饮需求。疫情前，牛鼻村因丹霞主景区带动的就包括十多家餐馆和7家民宿。旅游旺季很多留守人员在竹筏漂流售票点周边进行地方特产的售卖，增加了收入来源。

旅游经济的开发进一步提升了村民的旅游生态观念。牛鼻村投入大量资金规划改造以前杂草丛生的自然环境，同时刷新了老屋外立面、硬化了泥路，改善了人居环境。通过村委宣传教育保护生态环境的理念，提高了村民的清洁意识。

3. 带动不足型——夏富古村

夏富古村位于丹霞山的腹地，紧挨着阅丹公路，目前还处于"养在深闺无人识"的阶段。全村只有1家民宿和3家农庄，而这3家农庄中只有1家的业务是受丹霞山旅游带动做起来的，另外2家都是做周边市民的生意。丹霞山旅游业发展多年，阅丹公路也从夏富村经过，乡村配套服务却没有跟上。图7.9为夏富村不远处的丹霞山群，烟雨迷雾，大自然的鬼斧神工甚是令人惊叹，但村里却缺乏最佳拍摄和观赏台。

图 7.9　夏富村不远处的丹霞山群，烟雨迷雾，大自然的鬼斧神工甚是令人惊叹，但村里却缺乏最佳拍摄地和观赏台

摄影　陆剑宝

　　究其原因，首先，夏富村并没有与丹霞山主景区紧密联动。牛鼻村属于夏富村管辖范围，牛鼻村的旅游业、餐饮业和住宿业做得风生水起，夏富村乡村旅游却没有发展起来。其中重要的原因首先是当年丹霞山管委会在夏富村一带开发阅丹竹筏漂流项目，牛鼻村积极响应，沿村设置码头，而夏富村则由于村民的反对，没有在村边增设旅游码头，失去了留住客人的抓手。其次，丹霞山为保护阳元石等主景区，在阅丹公路上设置了路障，自驾游游客无法直接从阳元石景区开车到达夏富村。相比之下，牛鼻村利用竹筏漂流项目与丹霞山主景区捆绑，游客可直接乘坐景区大巴穿过阅丹公路的路障到达牛鼻村。最后，夏富村有很多旅游潜在资源没有被利用和活化。课题组了解到夏富村蕴藏着不少古村落、丹霞地质文化馆、农耕及土特产、阅丹风景台、非遗文化如"装故事""书香文化""飞龙头"等民间节目等旅游资源，但并未受到广泛的宣传。夏富村依旧在发展起步阶段，阅丹公路更是在 2019 年底才通车，对于夏富村来说，阅丹公路给予了非常好的交通基础条件，其他各方面还需要历经多年的沉淀才有可能将这个具有潜力的古村落盘活。

二、植入多样化旅游元素，丰富环丹霞乡村经济形态

1. 大格局打造"阅丹"乡村旅游版图

阅丹公路沿线每条村都依山傍水，有古村落、田园，有荷花池、榕树，有锦江水、竹海。但分布散乱、参差不齐，缺乏环境美化和合理的规划布局。具备优质资源禀赋的乡村可在不破坏自然生态的前提下进行多方面的设计和开发形成小景点和游玩项目，丰富游客沿线旅游享受，延长游客的逗留时间。还可增设电瓶车游览观光的收费环节，让游客在阅丹公路享受沿线曼妙的风景线，同时为村民增添一份经济收入来源。像夏富村的民俗文化多姿多彩，有着独特的传统民俗文艺如"舞狮头""月姐歌""调山牛""飞龙头""装故事"等，但还未被有效激活和宣传。利用阅丹公路的必经优势，将各村特色文化融入公路绿道上，可让非遗文化走出古村落。图 7.10 为阅丹公路，途经多个美丽乡村。

图 7.10　阅丹公路，途经多个美丽乡村

摄影　陆剑宝

2. 丰富丹霞乡村旅游产业链，多元化挖掘资源潜力

因地制宜推出丹霞旅游特色产品，可将当地各种带有丹霞元素的工艺品和特色农产品置于每家民宿中向游客展示和推广，同时增设丹霞特色产品驿站和试吃点；可借助丹霞山世界级景区品牌知名度，与多家研学机构合作创办世界级研学基地，向外做好生态保护的科普工作；将各村的荷花池塘、农田有效激活起来，开设写生、抓鱼和泥鳅、种果蔬等课程，让孩子们享受丹霞山下的研学乐趣和科普知识，落实"乡村亲子旅游＋农业＋研学"的发展模式；引进大型文创艺术和影视团队，打造"丹霞印象"夜间剧场，吸引过夜游客。

3. 充分激活现有旅游基础设施，延长游客停留时间

对于旅游带动效应较弱的村落来说，应该合理规划道路，让游客进得来是首要任务。阅丹公路虽途经多个村庄和景点，但缺乏停车位和观光点，游客开车沿线没有可以停车拍照和消费的落脚点。可以在阅丹公路沿线甄选出最美打卡点排行榜，在沿线设计多个景观拍摄点和驻足栈道，设立停车位和观景台供游客停留和观赏拍照；还可增添小型户外美陈、文化科普驿站等文化元素，提升阅丹公路除交通设施功能外的文化旅游设施功能。图 7.11 为阅丹公路沿线，缺乏停车拍摄丹霞地貌的位置。

图 7.11　阅丹公路沿线，缺乏停车拍摄丹霞地貌的位置　摄影　陆剑宝

4. 村委带动，村民推动

具有优质资源禀赋的乡村，即使拥有天时地利也不可缺少人和。目前丹霞山景区附近的未被充分带动的村落想要发展起来，需要一个能力强大的村集体领导班子为乡村谋福利：既要把好的乡村资源推介出去，吸引工商资本下乡；也要以利民顾众的态度带动村民，让村民与村干部之间建立信任的桥梁，让村民们能看到乡村发展的希望；还要充分利用乡贤和返乡创业青年的学识和社会资源，激活乡村丰富的旅游资源要素。

（作者：谭学轩，广东省普通高校特色新型智库"粤港澳大湾区新兴产业协同发展研究中心"研究人员。陆剑宝，见本书勒口。苏铭凯，广东省普通高校特色新型智库"粤港澳大湾区新兴产业协同发展研究中心"研究人员）

第八章 乡村特色资源开发保护

第一节 传统古村落活化的困境
——从化木棉村的实地调研与思考

　　传统村落是世界文化遗产的重要组成部分，是人类文明的"活化石"。2014 年国家四部委联合发布的《关于切实加强中国传统村落保护的指导意见》提出，要保护和弘扬中华优秀传统文化，加大传统村落保护力度。保护和利用传统村落，可以留存乡村记忆和保护农村生态，可以保护传承优秀的乡村传统文化，但是传统古村落在保护过程中将会遇到各种困境。广东的古村落蕴含着岭南特色文化，老屋旧物承载着说不完的故事传说和浓郁的乡愁。课题组通过实地走访从化区木棉古村，了解城市郊区随着村民大量进城和新建居屋后，传统旧村落的发展现状和改造困境，探寻传统村落在乡村振兴背景中的活化路径。

一、从化木棉村古村落的现状

　　木棉村地处广州流溪河中部河畔，由宋代谢氏建村，是广州从化区第一大村。距离广州 40 千米、从化区中心城区约 10 千米，距从化太平镇中心 7 千米。村域面积约 14 平方千米，共有 35 个经济社，户籍人口约 8500 人，常住人口约 6000 人。木棉村分成古村落和新村。古村落有 700 多间宋清时的古建筑，保留原貌，但是没有进行全部修葺和改造，很多已经倒塌。

　　木棉村的古村落部分保留了众多明清时期重建或修建的古建筑。他们将祖宗的习俗、方言、建筑风格等，表现在各自祠堂、宅地等建筑上，再融合岭南地方文化，形成现在的各种特色建筑。东西南北有四阁四座门楼，有"德仁公楼"炮楼、五岳殿、谢氏大宗祠、"孝行流芳"

牌坊、瀛洲堂、榕溪公祠、清逸堂祖祠、羽善西公祠和宝珊书舍、永坚书室、文植公书舍、乐善里、万合里、文植里、宝珊里、红卫里、红星里、永红里、学兵里，还有一个古码头：从化龟咀码头。图8.1为木棉村"镇村之宝"，460年的"荔枝王"，最为丰产时整棵树一次挂果2400千克。

图 8.1　木棉村"镇村之宝"，460年的"荔枝王"，最为丰产时整棵树一次挂果2400千克

摄影　陈旭东

　　古村有13个文物保护单位，其中五岳殿是广东省文物保护单位，为宋朝建筑风格，其木结构和外观仍保存较好，梁架、斗栱、开间等早期建筑构建和风格做法尚存。"孝行流芳"牌坊是从化区保护文物，旨在纪念清末时期的一位孝子，建于清光绪十七年，由花岗岩石打制砌造而成，牌坊对联写着"圣朝目孝治天下，大夫不虚生世间"。从化龟咀码头，是昔日船只经商往来之重地，在宋代就有埠，到明朝立为官渡，是古代从化鲜荔枝及荔枝干运销的重要码头。瀛洲堂，建于民国时期，是谢瀛洲从法国留学后亲自设计修建的，采用西欧近代建筑风格，并从法国运回所需的建筑材料营造。

二、对木棉村传统村落保护与开发的思考

　　木棉村古村部分如今倒塌比较严重，有些旧房子里甚至已经长满了青草树枝。"形"在而"神"散，文化传承乏力。如何有效开发和利用古村落、振兴经济活力，我们有如下思考：

1. 村民对古村维护缺乏积极心态

传统古村落具有历史价值，是人类农业文明发展的历史记载，反映了人们当时的生活气息，蕴含着丰富的文化基因。木棉村 700 间左右的古建筑都是宋清时代的，记录了村民世世代代的生活形态，是历史的实物见证，其建筑结构反映了岭南建筑的发展。对于村民来说，古村是祖祖辈辈居住的地方，也承载着思念和乡愁。

古村的修缮对于收入不高的村民来说，修葺成本太高，无法承担。而且古村屋舍结构设计比较狭小，不适合一家四五口人居住。因此，村民更倾向于搬迁到外面重新建设新房子，缺乏对古建筑进行保护维修的动力。而且木棉村村民 20 世纪 90 年代已经全部搬出古村落区域，年青一代的村民都未曾居住过，对老屋的感情较浅。图 8.2 为木棉村的"孝行流芳"牌坊，是为了纪念清末时期的一个孝子的动人事迹，像这类文化建筑丰富了木棉村的历史厚重感。图 8.3 为木棉村很多历史建筑年久失修，甚为可惜。

图 8.2　木棉村的『孝行流芳』牌坊，是为了纪念清末时期的一个孝子的动人事迹，像这类文化建筑丰富了木棉村的历史厚重感

摄影　陈旭东

图 8.3　木棉村很多历史建筑年久失修，甚为可惜

摄影　洪迎秀

2. 政府对于古村修复的承担能力有限

修复古村落建筑需要巨额资金，政府承担能力有限。木棉村中有13 个文保单位，政府对其中一个文保单位进行修葺改造，花费了 140 万元。村集体开发也并未将古村落的保护与开发纳入规划。图 8.4 为斑驳的城门，盘驻着老树根，被废置的旧民居没有得到很好的活化。

图 8.4　斑驳的城门，盘驻着老树根，被废置的旧民居没有得到很好的活化

摄影　洪迎秀

191

3. 对古村落改造的对策与建议

保护木棉村古村落的历史文化，挖掘村落历史环境遗存的故事，增强村民保护老宅的意识，引入社会力量关注古村落保护，对梳理传统村落中的岭南文化传承脉络，延续优秀民间文化有着积极意义。

（1）政府应该建立古村保护建筑登录机制。政府在改造村落的过程中，要尽力使传统村落社区适应现代发展，要让村民愿意住老宅、能够住老宅。对于庞杂的古村建筑，政府可以组织全面调查木棉村内传统风貌建筑分布情况，收集建设年代、材料结构、建筑风格、使用功能、资料照片等基础资料，组织开展各级保护建筑登录工作。要成立专门的村落保护小组，小组要下到基层去实地调研，掌握村落的第一手数据和资料，然后根据村落的地理、气候、人文等因素因地制宜地开展村落改造工作。根据分级情况，政府可以分步骤优先重点保护省级单位，尽量应保尽保。

（2）村委会要引导村民树立自主保护传统村落文化的意识。村委要在政府的指导下具体规划保护传统村落。老房子是村民祖辈曾经住过的地方，充满了回忆和故事，村民才是保护老宅的主要参与者。老宅能不能保护得好，能不能重新激发出活力，关键在村民是否能够主动保护老宅。在村民自主保护老宅时，基层组织要发挥自己的先锋带领作用，村委可以组织村民挖掘古村落背后的故事和历史文化资源，建立对传统村落一致的规范认同和价值观；将传统村落保护事项纳入村规民约，通过村规民约规范村民保护古村落文化的行为，增加村民的认同感和凝聚力。木棉古村的建筑部分已经坍塌或有损毁倒塌风险，村委要收集、保护已经坍塌、散落的传统风貌建筑的构件，对有损毁倒塌风险的传统建筑进行登记，并及时向镇人民政府报告。

（3）引导社会各界力量参与古村落活化工程。木棉村可引入社会资金，大力发展古村落旅游、非遗文创等特色产业，以产业为抓手，静态保护与活态传承齐头并进。鼓励企业事业单位、社会团体和个人以捐赠、出资、设立基金、提供技术服务或者租用传统风貌建筑等方式支持传统村落的保护和利用，遵循生态、乡土、可持续发展的原则，多渠道采取措施保护发展资金。遵循保护传承民族历史文化遗产、实现绿色可持续发展来保护和开发古村落。在改造过程中，要明确发展旅游是保护村落的途径和手段。需要注意的是，村落保护的目的并不是发展旅游，企业不能仅仅只追逐短期利益，应该放眼于长期利益，要遵守《广州市文物保护规定》，不能简单一刀切地解决问题，不能搞大拆大建。在改造过程中，可考虑以一定区域内传统村落为节点，连点串线成片进行开发保护。单就木棉村而言，有如荔枝公园、禾农场、龟咀码头、古村落等景点。这些景点过于分散，呈点状分布，没有串联成线。要将此与周边的古村联合统筹规划，改变点状式分布的局面，把旅游景点连成一条线，打造太平镇古村落旅游线路，充分发挥历史文化、自然环境、绿色生态等特色资源。吸引社会资本参与改造，以此来激发整个太平镇的活力，吸引游客。图 8.5 为只需通过微改造，木棉村很多建筑都能成为网红打卡点，而不只是村里留守儿童的游戏根据地。

图 8.5 只需通过微改造，木棉村很多建筑都能成为网红打卡点，而不只是村里留守儿童的游戏根据地 摄影 陆剑宝

（作者：洪迎秀，广东省普通高校特色新型智库"粤港澳大湾区新兴产业协同发展研究中心"办公室主任、研究员。陆剑宝，见本书勒口。陈旭东，广东省普通高校特色新型智库"粤港澳大湾区新兴产业协同发展研究中心"研究人员）

第二节 少数民族村落的传统文化保护、传承与激活——乳源东坪新村调研实录

少数民族传统文化是中华文化的组成部分，而少数民族村落则是少数民族文化的载体。当前乡村振兴 20 字方针中的文化振兴，在少数民族文化中更具有辨识度。少数民族地区通过传统特色文化的保护、传承来实现活化，不仅为乡村振兴文化振兴提供经验样本，也能为民族地区文化经济和共同富裕提供有力支撑。调研团队选择有"广东屋脊、世界瑶乡"美誉的韶关乳源作为调研对象，走访乳源东坪新村少数民族聚居村落，总结少数民族文化村落文化保护、传承与活化的路径。

一、瑶乡文化——丰富璀璨的少数民族民间文化宝库

乳源瑶族自治县拥有非常丰富的少数民族文化项目。包括 21 项非物质遗产：3 项国家级、3 项省级、8 项市级、7 项县级。其中《瑶族盘王节》《瑶族刺绣》《瑶族民歌》被列入国家级非物质遗产。《乳源瑶歌》《乳源瑶族服饰》被列入省级非物质遗产。《瑶族传统医药》《瑶族双朝节》《瑶族苦爽酒》《乳源打铁工艺》《乳源瑶山茶制作技艺》被列入市级非物质遗产项目。全县拥有 33 名传承人，其中国家级传承人 3 名、省级传承人 4 名、市级传承人 10 名、县级传承人 16 名。省级非遗传承基地 2 处，国家、省、市、县各级文物保护单位 26 处，文物点近 200 处。同时，瑶族婚嫁文化、农耕文化、饮食文化也很有民族特色。

二、东坪新村瑶族文化的保护、传承与激活：从上而下，从下而上

乳源瑶族自治县地处粤北山区韶关，总人口 21 万人，其中瑶族人口 2.4 万人，占乳源总人口的 11.4%，主要聚居地包括必背镇、游溪

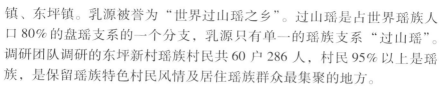

镇、东坪镇。乳源被誉为"世界过山瑶之乡"。过山瑶是占世界瑶族人口 80% 的盘瑶支系的一个分支，乳源只有单一的瑶族支系"过山瑶"。调研团队调研的东坪新村瑶族村民共 60 户 286 人，村民 95% 以上是瑶族，是保留瑶族特色村民风情及居住瑶族群众最集聚的地方。

东坪新村也叫"雕子塘村"，由于客家方言"雕子"即"鸟"的意思，寓意这里环境优美、鸟语花香，适合居住。原来居住在深山的瑶族同胞在政府的指导下，全部搬迁到东坪新村。2013 年在广东省委统战部的指导下，通过多方力量推动，筹集资金 1000 多万元，在东坪新村现址建设了 60 套具有瑶族特色的两层半框架混合结构的楼房和一座文化楼。2015 年至今，政府陆续投入 800 多万元改善人居环境，建成文体活动广场 2520 平方米、停车场 710 平方米；建设百姓大舞台、"绣美瑶乡"瑶绣传承培训室、文化长廊、瑶族风情茶园，保护瑶族传统文化。

1. 建设乳源瑶族文化生态保护试验区

2015 年以来，安排财政预算资金 200 万元用于文化生态保护试验区建设。2022 年提升非遗财政预算，落实补助 6 万元，发放给县级传承人补助。省财政发放 1000 万元对非遗进行保护，实行每年评估非遗传承认定与管理机制。

2. 建设非遗文创孵化基地

以瑶族刺绣为主导的文化创意产品的孵化工作已经启动。通过提取瑶绣的纹案、色彩、造型等形式的美感，把瑶绣融入服饰、背包、首饰及一些装饰品中，融入现代文化创意产品设计里面。目前市面上已经有超过 80 款产品融入了瑶绣文化。在一个具有瑶族文化的街（瑶街），打造了乳源非遗文创孵化基地，把这些丰富的璀璨文化通过产业、文创产品的方式传承下去。

（1）**全村皆文化**。①服饰文化。在东坪新村，党群中心设立瑶绣文创空间，培训各种技艺，身穿瑶族服饰的绣娘在认真地刺绣。②歌舞文化。村中建设瑶族歌舞舞台，每逢节日，瑶族同胞都会穿上他们的瑶族服饰载歌载舞。我们调研时正好碰见村里的小孩在老师的指导下练习瑶族舞蹈。③建筑文化。东坪新村的建筑保留吊脚楼的文化，墙体粉刷红色，寓意搬迁后的生活红红火火。④民俗文化。民居的外墙上记载着瑶族的各种文化及其说明：盘王节、刀耕火种、饮食习惯、珍惜粮食、歌春、瑶族服饰、瑶族歌舞、瑶族刺绣等文化。⑤少数民族民间的中医药文化。瑶乡产瑶药，村民遇到跌打疼痛，都会自己上山采药，自行研磨，自行理疗。课题组入户过程中，刚好遇到一位腰扭伤的大叔自己在家里研磨瑶药敷腰。图 8.6 为从山沟沟中搬到新村的东坪新村村民，传统瑶绣文化没有消失，传统技艺代代相传，从 90 岁婆婆到 6 岁孩童，在新村党建中心编织美好的"生活蓝图"。

图 8.6 从山沟沟中搬到新村的东坪新村村民，传统瑶绣文化没有消失，传统技艺代代相传，从 90 岁婆婆到 6 岁孩童，在新村党建中心编织美好的「生活蓝图」

摄影 陆剑宝

（2）**非遗活化利用**。以非遗文创孵化工作为重要抓手，积极引导社会力量参与文创产品研发和推广，现已推出6个系列50多款非遗文创精品。用好用活电商平台，成功举办非遗文创新春发布直播会，让广大市民游客进一步了解乳源风情浓郁的过山瑶文化及特色鲜明的非遗文创产品，促进线上消费，推动文旅经济发展。图8.7为瑶乡民居的外立面墙壁上刻画的瑶族各种传统文化。

图8.7　瑶乡民居的外立面墙壁上刻画的瑶族各种传统文化

摄影　陆剑宝

（3）**"文创＋旅游"模式**。推动非遗文创产品、瑶歌瑶舞进景区、进酒店、进驿站、进旅游集散中心。在韶关丹霞机场、韶关各大景点景区、服务驿站设置文创展销点，推动其走进市场、融入生活、形成品牌。打造了瑶族山歌会、瑶绣艺术节、非遗集市等系列文旅活动名片。打造一批原创的瑶歌、瑶舞，到广东及全国各个景区进行巡演。打造代表乳源过山瑶文化的音乐剧《过山"瑶"》，在各个景区、酒店巡演。推出《瑶花开开》、瑶汉双语歌曲《念党恩》，2022年打造《南岭赞歌》。乳源将瑶族歌舞有机融入旅游产业中：融入瑶族"十月朝"文化旅游节、西京古道文化旅游节、"一路茶香"文化旅游节，使更多人了解瑶族歌舞和近距离感受瑶族歌舞的特色魅力，让瑶族歌舞成为旅游沿途的又一条风景线。乳源当地在2021年举行"瑶族歌舞进景区活动"，在国家4A级云门山生态文化旅游区，由"筑梦繁星"团队、民族文化传习馆派出演员进行公益性表演。云门生态文化旅游区是瑶族非遗进景区的一个示范点。在多个文旅节庆活动中，运用"培育瑶族歌舞人才，构建瑶族歌舞文艺演出团队"模式将瑶族歌舞演绎常态化，激活瑶族歌舞文化内涵。调研组调研之际，乳源县县级传承人邓香英唱着《迎客歌》，迎接远方的客人。

（4）非遗进校园。民族实验学校、民族文化传习馆会设置一些瑶族文化的课程。瑶族刺绣是民族实验学校的必修课，番鼓舞成为课间操。长鼓舞基本每个学校的师生都会跳。《瑶花花开》是东坪小学、机关幼儿园的常唱歌曲。编制《非一般乳源》非遗宣传册，加强中小学生非遗知识普及。指导高级中学、金禧小学开展瑶族民歌、瑶族刺绣课题校园实践，支持高级中学、民族实验学校举办校园竹竿舞大赛、长鼓操大赛。编著《瑶绣实用教程》出版发行10000册，成为瑶绣文化进校园的重要教材。在游溪镇、必背镇、东坪镇等乡镇和县教师发展中心、学校等设立了非遗传承基地、瑶族刺绣合作社等机构，传承过山瑶文化。

（5）镇长、村委书记带头宣传瑶族文化。毕业于华南师范大学的赵镇长是土生土长的瑶族才女，曾在乳源主要的三个少数民族集聚镇工作，从必背镇到游溪镇到东坪镇。赵镇长在必背镇出生长大，在游溪镇工作九年，现在担任东坪镇镇长，对三个镇都非常熟悉，"一懂两爱"在赵镇长身上体现得淋漓尽致。以县政府指导、镇长、村委书记带头，以非遗文创孵化基地为抓手，招商引资。孵化基地三年免租，给予产品研发经费的支持、奖补、政策上的优惠。扶持一批龙头企业，通过三年时间打造一批文创产品，走向市场。

3. 东坪新村过山瑶文化的传承困境

（1）资金不足，招商引资力度不够。过山瑶文化的传承，东坪新村的发展受到资金不足的制约，需要引入更多的资本。政府积极创造良好的营商环境，有些项目实行三年免租。但是，仍然存在信息差，珠三角的一些投资渠道不通，不了解项目投资情况。

（2）传承人老龄化较为严重。过山瑶作为广东特色少数民族文化，保存相对完整，但在传承之际，新一代瑶族年轻人、儿童对瑶族文化的认同感逐渐淡化。面临传承人才匮乏和传承积极性低，甚至瑶绣、瑶舞无人传承的突出问题。课题组在调研过程中，绣娘正在刺绣，有八九十岁的老奶奶，还有五六十岁的阿姨、三十多岁的绣娘、五六岁的小女孩。据市场调查，传承人年龄大部分是五六十岁的，年青一代作为传承人并不多见。非物质文化遗产的保护传承迫在眉睫，年轻人传承可能出现断层现象。一方面年青一代汉化比较严重，对瑶族文化的认知、传承比老一辈少了很多；另一方面年轻人传承的意愿也不是很强烈。

（3）**配套文旅用地不足**。配套文旅用地比较困难，没有指标用于建设停车场、餐饮、民宿。之前的建设指标未使用调成了林地。东坪镇是一级水源（南水湖）保护地，受生态红线的限制，不能养殖、捕捞，基本农田禁止非粮化。打造瑶族旅游文旅，民宿和农庄受到土地建设指标的限制。东坪新村定位青山绿水，产业发展遇到很大的瓶颈。

（4）**民间瑶医缺乏行业标准**。2009 年 1 月《乳源瑶族传统医药》被列入韶关市市级非物质文化遗产。瑶族人在历史上受到统治者的压迫，遇到生病和外伤，全部自己处置。由于常年居住在山里，药源、药材取自大山，先辈从发现认识药材的功效开始，经过实践使用检验，世世代代相传，成就了一批瑶医，各个有专治某种疾病的偏方，但是不对外相传。由于瑶寨远离城镇，没有医疗机构，赤脚医生肩负起保健医疗的重任。瑶族民间医生不脱产从医，不挂牌摆档，患者上门随到随看；患者要求医生去家里看病，随叫随去。民间瑶医比较多，但是缺乏行业标准，没有标准化的配方、医学认证。

（5）**瑶茶缺乏品牌**。瑶族同胞常年生活在高山上，土壤、温度和湿气等地理位置适合种植茶叶，茶叶种植变成了瑶族同胞世世代代的谋生之道。摘茶时节，瑶族姑娘们穿着瑶服，唱着瑶歌采茶，呈现出一番动人的景象。瑶茶承载着厚重的瑶族文化。"瑶族茶叶有 300 多年的历史，我们一直用最传统的方法种茶，以前隔壁村的都会用黄豆、糯米来跟我们换茶"，传承人邓香英说道。2018 年 11 月总投资 500 万元成立东坪镇红茶、绿茶、单丛的生产、加工、销售为一体的茶叶种植合作社，以"公司＋合作社＋农户＋基地"模式，打造具有瑶族特色的风情茶园。目前已经有 1 个非常成熟的 80 亩（约 5.33 万平方米）的茶叶种植基地，准备扩大种植规模。正在建设 2000 多平方米的茶叶加工厂，预留给游客体验炒茶制茶区域。《乳源瑶山茶制作技艺》被列入市级非物质遗产项目。但是，瑶茶没有统一的品牌，比较散而乱，没有形成一定的标准化、规模化、品牌化。

三、东坪新村过山瑶文化的保护、传承与活化路径

1. 在利用中保护，在保护中利用

单靠政府设置瑶族文化博物馆只能是冷冰冰的文化展示，只是单纯地保护起来，没有从博物馆走向动态的文化传承。博物馆的展示也不能激活年轻人传承的动力。瑶族文化元素一定要通过旅游、节事、展会、商品等形式在利用中保护、在保护中利用，以文化产业为主导去激活瑶族的文化传承。启动非遗文创孵化基地和非遗产业促进会，招商引资，招募一些传承人，更好地去宣传、保护和传承瑶族文化。

2. 以"情感"和"利益"做传承纽带

对青少年进行瑶族文化活动的宣传，让青少年觉得传统文化是一种时尚，如包包上的瑶绣图案。把瑶族文化融入年轻人喜欢的首饰、包包中。在政府的指导下，在企业和社会各界力量的参与下，打造瑶族文化产业链，做宽做长产业链。传承人年轻化断层的一个很重要的原因是收入问题。通过变现留住更多的年轻人，在原有小作坊的基础上做大做强。

3. 整合零散的瑶族文化元素，形成特色瑶族文化产业带

(1) 土地调规，整合资源。要把散落民间的瑶族文化的珍珠串联起来，需要整体规划，形成文化产业带。在受到土地指标建设限制的前提下，可以在南水湖的下游规划一块地，用作瑶族的民宿和农庄，同时整合天井山林场已经废旧的房子和瑶族同胞自家农庄和民宿，统一规划，建设水库饮食一条街，融入瑶族特色文化。对南水湖进行保护的同时可以进行生态养殖、科学养殖，可以打造木屋民宿、点状供地，增加瑶族同胞的收入，让更多的瑶族人可以实现在家创业，带动家乡的发展，更好地传承瑶族文化。

(2) 镇与镇联盟，打造"东坪－游溪－必背"瑶族文化旅游带。跨镇发展，连片打造游溪镇、东坪镇、必背镇瑶族文化。跨镇（乳城镇、洛阳镇、大桥镇、东坪镇、必背镇）发展瑶药产业园。利用离云门寺、云门山比较近的区位优势，同时瑶族同胞和瑶族文化主要集中在

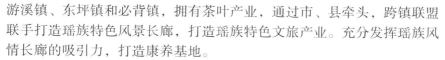

游溪镇、东坪镇和必背镇，拥有茶叶产业，通过市、县牵头，跨镇联盟联手打造瑶族特色风景长廊，打造瑶族特色文旅产业。充分发挥瑶族风情长廊的吸引力，打造康养基地。

（3）塑造"村落－镇域－县域"三层文化展示场域。串联瑶绣村、竹编村、八一瑶族新村、雕子塘新村、中心洞村、古道非遗驿站，定好游览路线，实现全域旅游。由于现在游客大部分是自驾游，时间也不是特别充裕，在打造全域旅游时建议分成三条路线，第一条是东坪精品路线，第二条是瑶族特色文化路线，第三条是吊脚楼古建筑路线。路线的指示牌一定要清楚，并且收取一定的停车费用、门票增加当地的收入。东坪镇建设雕子塘瑶族风情长廊，以乳桂经济走廊为依托，打造瑶族特色文旅产业。乳源县规划统筹，充分发挥生态和过山瑶两大文化优势，将二者进行融合发展，打造具有过山瑶文化特色的文旅产业发展，以新业态形式不断激发过山瑶文化内涵。

（4）连片重塑，打造瑶族文化产业集群。把瑶族文化跟产业融合，通过文旅产业传承瑶族文化。要把散落的"珍珠"串联起来，连片打造。截至目前，乳源县已累计投入9946万元，初步建成了富有"过山瑶"民族特色和客家风情的乳桂沿线乡村风貌示范带。乳源县充分依托瑶族非遗文化资源，在激活文化的基础上结合产业发展，探索旅游业与瑶族刺绣、瑶族歌舞和瑶族医药的共建模式。

4. 民族文化产品标准化、市场化、产业化

（1）瑶药方面。聘请一些中医药大学高校老师定期进行培训和指导，医师资格统一化、标准化。在疫情常态化下，人们对健康越来越重视，以此为契机，乳源小镇以康养为主题打造"瑶药文化街"，瑶医药专家定期开展义诊。同时，招商引资，与广东省有名的中药诊所或者研究机构进行合作，建立数字诊所。引入一些药企，目前已经入驻的企业有：本草园、乳源福泽园生态农业、大光药业、俊山中药材种植、民谣、中医院、皮肤科诊所、东阳光、万森、长生种植公司、中农科技控股、精润、云门柑种植、云瑶生物。通过东阳光等龙头药企，牵头扶持一些种植瑶药的企业，推进瑶族医药"大健康"产业发展，打造瑶医瑶药养生项目，吸引游客养生体验和健康消费。推进避暑休闲、温泉理疗、瑶医瑶药养生、健康食品保健等康养项目，促进瑶族文化在新业态的有效激活，打造文化激活与经济发展相融合的发展机制。把握数据时

代的机遇，整合散落的瑶医资源，引进企业打造数字诊所，全面激活瑶族医药的作用机制，使民间的瑶医更加标准化和市场化。

（2）瑶茶方面。通过顶层设计，县政府、镇政府牵头统一筹划和整合各种资源，打造统一品牌的茶叶，做爆做亮一款统一品牌，让游客来到"过山瑶"情不自禁地喝瑶茶。把品牌做大，让在外的瑶族同胞和游客线上、线下都可以买到瑶茶。游客进入东坪镇就可以按照指引参观瑶茶的种植基地，可以租穿瑶族的服装进行采摘，让游客可以沉浸式地感受到瑶茶和瑶歌瑶舞的文化，参观茶叶之后再参观加工区，再到展示区、泡茶区，让游客参与识茶、闻茶、泡茶、喝茶，离开的时候情不自禁地买茶，回到家之后还可以线上购买。游客吃饭的时候提供瑶茶茶水，游客住宿的时候也提供瑶茶。让游客来到这里时随处可见瑶茶，而且是统一品牌的瑶茶。通过瑶茶统一品牌的宣传，口口相传，使瑶茶成为粤港澳大湾区著名的"茶罐子"。

（作者：洪迎秀，广东省普通高校特色新型智库"粤港澳大湾区新兴产业协同发展研究中心"研究员、办公室主任。陆剑宝，见本书勒口）

202

第九章　乡村人居环境

美丽人居环境的成功整治——
从化区西和村"四小园"实地调查

"生态振兴"是习近平总书记对实施乡村振兴战略目标和路径的明确指示之一，农村人居环境整治则是实现乡村生态振兴的重要组成部分。2020年底广东省169个涉农县（市、区）农村人居环境整治合格率达100%，优秀率为91.12%。广州的西和万花风情小镇是从化区首批建设的10个特色小镇之一，2016年西和村以建设特设小镇为抓手全面开展农村人居环境整治工作，利用优越的自然环境，大力引进优质农业企业，以花为主题打造旅游业和产业特色，农村人居环境的整治工程也充分嵌入了花元素。

研究团队以乡村人居环境整治为切入点，通过对广州从化区西和村"四小园"进行深入调研，实地探查当地村落的人居环境是如何从脏乱差变为如今美丽宜居乡村的典型案例的。

一、西和村人居环境整治的现状

解决农村生活污水、生活垃圾、厕所卫生等问题是人居环境整治的重点，是实现生态宜居的有效抓手。2018年，西和村成立专门的农村人居环境整治工作小组，不定期召开环境卫生综合整治工作动员大会。之后西和村陆续开展了废弃猪牛栏、露天茅房及农村危房的清拆，农村水治理以及风貌管控等村居卫生环境整治工作。

1. 生活垃圾、污水和厕所的整治，让家园焕发光彩

西和村全村生活垃圾实现了日产日清，配置了8个生活垃圾分类收

集点、1个智能环保垃圾分类回收驿站，村民在此处对垃圾分类处理后可获得积分，攒存的积分还能够在一旁的售货机上兑换饮料。此举既能够减少环境污染、提升村容村貌，又能够利用智能化的积分兑换提高村民在垃圾分类后的获得感和垃圾分类意识。另外，还有大物件垃圾的收集点，有不同类别的垃圾运输车在规定的时间段内对每个村的垃圾分类收集点进行分类运输，并对同一类垃圾运往终端处理厂进行合理处理。该村组建了一支11人的保洁队伍，户厕改造率达到100%，修建旅游公厕8座、装配式公厕3座。

2. 保留岭南文化特色，不搞大改大拆

历经四年的微改造和雕琢，西和村沿街200多间民房崭新露面，完美地保留和体现了西和村原本的特色底蕴。村落依旧展示着原有的建筑风格和姿态，建筑巧妙地与山体、地形、环境相融合在一起，焕发出独特的西和客家文化和岭南特色的气质。全村农房实施统一风貌管控，整齐协调；泥砖房被改造成了"西和小院"等特色民宿，盘活利用闲置资源；将原来废弃的旧小学改造成新时代文明实践广场，串联组合新时代文明实践广场、西和学堂、广州市粤菜师傅培训室及西和乡风馆四个实践点，形成"一核四翼"辐射带动的新时代文明实践的西和模式，全面激活西和村的传统文化、乡风家风、生态产业。在此基础上，从2020年开始打造了一批小花园、小果园、小公园和小菜园。图9.1为西和村在村主干道"九里花街"沿线打造的小花园。图9.2为西和村村民门口的小果园，突出了从化特产——荔枝。三月吐新芽，六月又是丰收季。

图9.1　西和村在村主干道"九里花街"沿线打造的小花园　摄影　谭学轩

图 9.2 西和村村民门口的小果园，突出了从化特产——荔枝。三月吐新芽，六月又是丰收季

摄影 谭学轩

3. "四小园"的点缀，散发出乡土气息

村民们自觉打扫屋前屋后的卫生，自家环境每时每刻都保持着整洁、干净。有些村民在庭院里种起了花，还精心栽培打理起了荔枝树，透露出村民们闲情雅致的宜居生活。"四小园"投入成本不高，不追求硬件的豪华，巧妙利用免费材料，如鹅卵石、石灰石、麻石、大理石，或是清拆下来的瓦片、砖头、石头、木材，山上的石头、竹子等，对小菜园圈围起了篱笆，进行了景观美化，既通透、简洁，又富有乡土气息。

二、人居环境整改的成功经验

1. 政府的号召和监督

近年来，国家层面出台了一系列的政策措施，强有力地推动着农村人居环境的改善。西和村所处的城郊街组织"百日攻坚"行动暨农村人居环境综合整治行动，对农户进行入户宣传，教育引导农户清理自家庭院。为整治村道和"九里花街"，西和村在各级政府的大力支持下，资金投入、技术支撑以及政策扶持等得到保证。

2. 村民的参与和自我觉醒

乡村环境变美了，环境得到有效的改善，村民的参与自然功不可没。同时，村民的自觉性也是实现乡村人居环境整治成效可持续养护的关键。如果农村人居环境的整治没有广大村民的积极参与，那么整个进度以及成效将难以达到预期效果。在镇街、村委的号召下，在老一辈退休村干部的带领下，村民们跟随政府指导整治，对村前屋后、大街小院进行卫生清扫，实现门前垃圾日产日清。村民们笑着说："既然有机会能让我们的生活变得更好，我们肯定愿意跟随政府领导一起把环境搞好。生活环境的质量提升了，我们也舒服。"西和村鲜花产业园带动旅游业蓬勃发展，营商环境越来越好，因此也吸引了曾经背井离乡的村民们陆续返乡，携手共创美丽家园。图 9.3 为西和村的小公园，与周边竹林融合，天人合一，宜居宜游。

图 9.3　西和村的小公园，与周边竹林融合，天人合一，宜居宜游

摄影　谭学轩

3. 旅游村品牌形象激发村民"爱美"自觉性

在"三清三拆三整治"后，随着花卉产业园的兴起和九里花街的打造，西和村鲜花旅游品牌声名日盛，无形中激发了村民整治环境的自觉性。他们开始在屋前屋后见缝插绿，将自家的小菜园、小花园和小果园打理得井井有条。西和村鲜花种植业的规模化发展带动了旅游业的发展，同时旅游业的发展激发了村民对"四小园"建设和维护的积极性，减少了"四小园"的投资和管控成本。另外，环境整治的成功吸引了大批游客，2020 年西和村更是在疫情中逆风飞扬，接待游客 90 万人次，实现旅游收入 7000 多万元。图 9.4 为调研组在西和村入户时，正

好看见一位村民在家门口搞卫生，花坛的三角梅娇艳欲滴。图9.5为西和村村民住在公园里。

图9.4　调研组在西和村入户时，正好看见一位村民在家门口搞卫生，花坛的三角梅娇艳欲滴

摄影　谭学轩

图9.5　西和村村民住在公园里

摄影　谭学轩

三、西和村"四小园"建设经验总结

西和村"四小园"建设的成功主要来源于以下方面：政府的号召和监督、村民对环境维护的自觉、周边邻居的正面感染、花卉产业园创建的带动以及鲜花主题旅游业发展的影响等。

生态美源于心灵美，心灵美创造家园美。乡村振兴离不开本地村民，村民也离不开其生活的环境，有人居住的村落才赋予了其振兴的意义；产业振兴和人居环境质量的提高，方能留得住村民在此地继续生活，村民的幸福指数逐渐上升，同时也给予了他们发展的动力和希望。

（作者：谭学轩，广东省普通高校特色新型智库"粤港澳大湾区新兴产业协同发展研究中心"研究人员。陆剑宝，见本书勒口）

第十章　乡村振兴的人才红利

乡贤带动村民集体创业——
清远市浸潭下迳村个案分析

2020 年 1 月，农业农村部等三部门联合出台《关于进一步做好返乡入乡创业工作的意见》，推动返乡入乡创业，以创新带动创业，以创业带动就业。促进就业创业是发展乡村振兴的内生动力，只有村民自强自立，通过自主创业实现真正的富裕，才是真正的乡村振兴。清远下迳村通过乡贤的力量带动全村村民集体创业，使偏远乡村逆袭成"强富美"村，带给其他乡村振兴实践一些启发。

一、创业历程

下迳村是广东省清远市清新区浸潭镇六甲洞村委会下属的一个自然村，村民以邹氏家族为主，户籍人口 361 人，常住人口 65 人，林地 1449.04 亩（约 96.6 万平方米），耕地 399 亩（约 26.6 万平方米），集体建设用地 35.93 亩（约 2.4 万平方米），养殖面积 5.6 亩（约 3733.35 平方米），三面环山，环境优美，俗称"小桂林""小华山"。由于地理位置比较偏僻，山多田少，务农收入低，大部分村民外出去广州、深圳、东莞、中山等珠三角地区工作，90% 的村民有了一定积蓄之后搬迁到镇、市区，下迳村成了"空心村"，只有少数年龄大的老人在家。全村创业之前村集体收入单一，主要靠出租山地维持生计，收入低下，2015 年人均收入只有 9600 元左右，属于贫困村。返乡创业的村民邹瑞文组织全村人发展以汤泉为核心的旅游产业，带动全村村民自主创业，成为下迳村从偏远山区逆袭成"强富美"村的主要突破口。图 10.1 为下迳村正在"蝶变"发展。图 10.2 为美丽的下迳村正在逆袭，

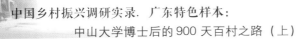
等待春暖花开。

图 10.1　下迳村正在『蝶变』发展

摄影　李星穆

图 10.2　美丽的下迳村正在逆袭，等待春暖花开

摄影　洪迎秀

邹瑞文儿时即随父亲走南闯北，在外挖矿，从小就具有冒险、创新精神和商业头脑。他还常与其他伙伴出去旅游，开阔了眼界，积累了乡村旅游方面的经验。邹瑞文发现下迳村的硫铁矿自涌泉资源，看到了自己家乡发展旅游产业的潜力，决定将自己在外积累的 100 多万元全部投出，召集全村村民一起创业。有钱的出钱，有力的出力，没有资金的可

以劳动力入股，建立股份制经济合作社，村民变股民，按股分红，全村参与创业，目标是带动全村共同富裕。

2013 年，下迳村开始整合全村林地、耕地等土地资源 1540 亩（约 102.67 万平方米），土地归村集体经营。2014 年起，下迳村成立村民理事会，邹瑞文担任理事长。2015 年春节，邹瑞文召集村民开会讨论建设旅游方案和收入分配方案等，采取以资入股、以物入股、以劳入股三种方式筹集经费，"资源变资产、资金变股金、农民变股东"，以每户的土地面积量化为股权，将村庄景区所得收入的 10% 按入股土地份额进行分配。2016 年 12 月 26 日，下迳村"小华山"旅游景区正式营业。

下迳村人均收入 2015 年前为 9600 元左右，2016 年为 16000 元左右，到了 2019 年人均收入增长至 19000 元。2015 年下迳村集体收入只有 2 万元左右，到 2018 年已经增至 300 多万元，2019 年增至 400 多万元，2020 年增至 500 多万元，2021 年增至 600 多万元。

二、下迳村集体创业的困境及应对措施

集体创业过程中困难重重，主要集中在三个方面：资金困难、用地指标限制、村民思想保守。

1. 资本不足，资金困难——邹氏宗亲会投资借钱

创业的资本主要来源是当地所有村民，邹瑞文投资 100 多万元，其他村民的积累不够雄厚，只能投资几千元、一万元、两万元、几万元不等。2016 年项目开始动工时，资金严重不足，资金缺口达到 500 多万元。邹瑞文与村民四处寻求帮助，最后通过全国各地的邹氏宗亲会，找到了有实力的企业投资。邹氏家族拥有建设自己家乡的共同信念，"大家好才是真的好"的想法吸引了在外创业的老板回来投资，解决了资金困难问题。

2. 土地流转问题——政府"三块地"改革试点来支持

发展旅游产业，需要集中土地建设旅游景点、民宿等项目，流转土地成为一个重要的问题。下迳村抓住清远市"三块地"改革的机遇，成为清远市第一个"三块地"改革的试点。"三块地"改革包括农村土

地征收、集体经营性建设用地入市、宅基地制度改革。下迳村建立了清远市清新区六甲洞村下迳组股份经济合作社，统筹管理着 2600 多平方米的村中闲置宅基地，以土地入股的方式，入股小华山风景区，原始股为 300 股，股东根据注资份额分配股份，闲置宅基地入股占比 15.5%，四合院委托给九福公司经营，住房收入的 70% 归公司，30% 作为本社集体收入；广场的九间铺面由本村村民租赁，一间一年 3000 元，产生的收入作为本社的集体收入。2018 年通过统筹流转 50 亩（约 3.33 万平方米）土地由互农农业种养专业合作社进行"蛙稻共生"项目，土地租金年收入达 3 万元以上；同年，经村民同意整合统筹流转 225 亩（约 15 万平方米）土地参与小华山景区发展，土地租金年固定保底收入 8 万元并参与景区门票等收入 10% 的分红收益。

3. 村民思想保守——村委会思想工作来疏通

村内改造，也受到了一些阻力，阻力主要来自一些保守的村民。为修一条路，邹瑞文带领村委会委员去 200 多户村民家中一一做思想工作，其中有一个"钉子户"大家花了三年时间才做通思想工作。在拆旧房子的时候也会遇到思想保守的村民，要守住自己的老屋，不肯搬出去。个别村民对项目持悲观态度，极力不配合，不入股。在重要决定中都有不少反对的声音，需要村委会更加有耐心，做通大家的思想工作。

三、下迳村逆袭"强富美"的启示

1. 村民集体创业，"领头雁"非常重要

"领头雁"具有带领作用，指引发展的方向。政府要重点培养乡村的带头人，给予带头人一定的职位，发挥带领的作用。下迳村村民集体创业发起人是邹瑞文，邹瑞文在带动全村创业的过程中起着"领头雁"的带领作用，从中年返乡创业的普通乡贤，到后来被选举成为村民理事长、村民小组长、六甲洞村党总支书记，在岗位上充分发挥了领头雁的作用，带领全村村民创业，把自己的家乡建成"强富美"的乡村，增加了大家的收入。

2.　土地流转是产业发展的关键

政府结合当地的实际情况实行"三块地"改革是创新也是突破。土地流转，实行"三块地"改革是为了增加农民更多的土地收益，增加土地溢价的收入，帮助农民增加收入。下迳村通过"三块地"改革增加了一块 25 亩（约 1.67 万平方米）的集体经营建设用地，而这块土地已成功引入了一个近 2.5 亿元的项目。通过"三块地"改革统筹流转 225 亩（约 15 万平方米）土地，整合共 2600 多平方米闲置宅基地，入股小华山风景区，作为其乡村酒店、商铺、农家乐、汤泉接待中心、广场的建设用地。应该说，"三块地"改革是政府在农村用地过程中根据实际发展需要进行的创新与突破。

3.　村民思想顽固保守，需要农村基层党组织有耐心开展思想工作

乡村振兴面临基础设施建设、土地征收问题、拆旧房屋问题，这些都涉及村民的切身利益，很多年龄比较大的人思想保守，不愿意搬出自己的老屋，面对思想传统的老人，需要长期做思想工作，在基层党组织的带领下，让村民团结起来，发挥邻里街坊的作用。

4.　怀揣共同的信仰和理念，发挥宗族的力量，带动同姓家族共同富裕

全村村民创业是否能够持续，一个重要因素是是否有共同的信念和信仰。村民本身资金不够雄厚，要利用不同的社会力量帮助其解决资金困难的问题。宗族是我国传统的一种民间社会单位，同宗氏家族怀揣着家族兴旺的共同信仰，互帮互助，在乡村振兴中发挥了自己的作用。在下迳村个案中，乡贤邹瑞文带领大家四处寻求帮助借钱，主要是通过全国各地的邹氏宗亲会，找到有实力的企业投资，同时借助乡情、共同富裕的理念吸引在外创业的老板回到家乡贡献自己的力量。由此可见，宗族对于乡村振兴的影响也是我们应该予以关注和了解的。

5.　旅游产品的丰富度不足，未体现出当地的特色

目前下迳村的基础设施建设到位，旅游产业发展较好，但是旅游产品比较单一，产业链较短，当地特色旅游产品还需要开发。在疫情期间，产业发展受到了一定程度的影响。下迳村正在加大招商引资力度，增加更多的特色项目，目前已经增加飞拉达攀岩和七彩彩虹滑道，丰富和升级旅游线，联动周边村落做大做强，增加产学研项目，

吸引更多的游客。

　　（作者：洪迎秀，广东省普通高校特色新型智库"粤港澳大湾区新
兴产业协同发展研究中心"研究人员、办公室主任。陆剑宝，见本书
勒口）

第十一章　乡村振兴营商环境

疫情背景下乡村企业的忧思——从化西塘村营商环境考察

产业兴旺是乡村发展的核心动力，中小企业是乡村振兴中最有活力的力量。良好的营商环境有利于激发市场主体的活力，促进乡村经济的发展。调研团队以从化区鳌头镇西塘村的中小企业作为重点调研对象，探究乡村振兴中地方政府和基层组织如何通过打造优质的"营商环境"留住下乡企业。

一、西塘村：从"问题村"变身"西塘童话小镇"

2016 年，从化区根据西塘村的自然禀赋，把西塘村打造成童话小镇。西塘童话小镇以西塘村为核心，整合相邻的横坑村和鹿田村，构筑"农研文旅"融合的特色小镇。小镇规划面积 4.8 平方千米，是广州市首批 30 个特色小镇之一、从化区首批 10 个特色小镇之一，并已纳入省级特色小镇培育库。西塘村的优势在于紧邻广东从化经济开发区，开发区中大量的企业为附近包括西塘村的村民提供了大量的劳动密集型岗位。从交通区位看，西塘村地处广州城区 1 小时生活圈，东距从化城区约 11 千米，南距广州城区约 60 千米，距离京珠高速和大广高速出入口 7 千米，拥有双高速、双国道的优越交通区位优势。西塘童话小镇从生态旅游和现代农业相结合入手，挖掘传统农耕文化、山水文化、人居文化，吸引扎根本村的特色农业企业进驻；围绕"田园童话"主题，通过引入动漫剧场、展会、农业公园等业态，以商业运营的方式促进经济发展，将文创主题延伸到现有的农产业之中。西塘村从原来人均收入不足千元的"贫困村""问题村"变成了"平安村""法制村""网红村"

"示范村"。图 11.1 为西塘童话小镇，被定位为田园文旅目的地。

图 11.1　西塘童话小镇，被定位为田园文旅目的地

摄影　洪迎秀

二、优化乡村振兴营商环境的西塘经验

服务型政府建设是营造良好营商环境的内在诉求。在镇政府的指引下，西塘村联结相邻的横坑村和鹿田村落实完善乡村基础设施，协助下乡企业解决实际问题。以"绣花功夫"做好企业入驻服务，成立专员进驻的"美丽办"，确保企业在特色小镇的安心发展。

1. 基础设施和公共服务设施投入

各级政府先后投入财政资金 1.5 亿元，完善三村基础公共服务设施，通水、通电、通路，建设垃圾分类站、污水处理站、水利设施等；垃圾由政府环卫部门定期进行清理，村里成立环卫队伍进行保洁，改变了原来"脏乱差"的现象；将旧村道拓宽改成沥青路，增设人行道，建设约 10 千米的生态碧道，打通"内联外畅"的交通路网；改造河道，协助企业疏通灌溉渠道；开通小镇公交微循环线路、高标准配建西塘综合服务中心、游客停车场、村民文化广场；精心打造中国第一座乡村宪法馆，另有西塘家风馆、西塘村史馆、新时代文明实践站、旅游"公厕"系列等举措，为把西塘童话小镇打造成亲子旅游目的地奠定了坚实的基础。

2. 提升政务服务水平

西塘童话小镇成立特色小镇片区党委，充分用好"仁里集"云平台、民主法治议事大厅党群服务站、法律服务站、民宿农家乐联盟平台，还组织"人大代表咨询日"和一月一次的村委企业座谈会等，通过这些协调好与企业的关系，帮助企业解决某些问题。鳌头镇政府也加强了对西塘村村委干部的培训工作，提升了村委服务企业的水平，让村民和在村企业对村委更加有信心。

3. 协助企业流转土地，快速入市

按照政府引导、市场运作、企业主导的思路，西塘村成立股份公司参与实体运作，提前把村民的田地、闲置用地和撂荒地流转入库，以每年粮食价格作为租金的参考，出租给下乡企业。这样做的好处是降低了企业的零散租金，缩短了与村民逐家逐户的沟通和谈判时间。鹿田村村委没有成立公司，而是采用搭建平台的方式，由村委对接意向企业，然后通过经济合作社队长与村民进行沟通，由企业和村民协商同意签订租地协议。这种模式的好处是村民直接和企业对接，减少中间的寻租行为，但不足之处是企业面对的村民多，双方的沟通和交易成本较高。

4. 为企业搭台唱戏

为下乡企业提供咨询和租地、租房、基建、劳工等信息服务，减少企业的搜索成本。在企业建设或运营过程中，各级政府都会进行项目指导，提供相应的意见或宣传协助。其中，西塘村村委最成功的服务就是组织全域性节事，增强西塘童话小镇的品牌形象和知名度，为企业引流。2016 年以来，西塘村村委组织举办五届西塘稻草艺术节，搭建招商引资和暖企助企平台，吸引新企业入驻。图 11.2 为在各级政府和下乡企业的策划支持下，西塘童话小镇稻草艺术节成功举办六届。

图 11.2　在各级政府和下乡企业的策划支持下，西塘童
话小镇稻草艺术节成功举办六届
摄影　苏铭凯

三、企业兴村，形成特色主题小镇

　　西塘童话小镇以"田园童话"为招商引资主题，构建"政府引导
＋企业主导＋市场化运营"的发展模式，以现代农业为基础产业，以
研学文旅为主导产业，以农产品深加工带动产业，吸引企业入驻。未来
三年预计增加公共设施投入，打造省级研学文旅基地、现代都市休闲农
业基地和产城融合的儿童乡村乐土。

　　"泥巴乐园"是国内首家泥巴文化主题户外教育乐园，落户在西塘
童话一街。从一开始规划建造，就融入了国际化的营地教育体系和理
念，打造"六天五夜"研学夏令营、"两天一夜"帐篷亲子营等品牌活
动。自开园以来，"泥巴乐园"已接待珠三角地区中小学超过 20 个研
学团队约 1000 名夏令营学生。但由于用地性质的限制，一些户外装饰、
遮阴篷、餐饮和住宿都无法提供给游客，造成游客消费单价低，导致村
民就业和创业机会减少。图 11.3 为城市亲子家庭在园区种植和采摘，
还有专门的老师做科普教育。

图 11.3　城市亲子家庭在园区种植和采摘，还有专门的老师做科普教育

摄影　洪迎秀

　　科创园艺公司，很早便在从化西塘投资创建了"农耕田园生态农场""稻草农业公园""田缘花舍民宿"等构成的占地面积约 340 亩（约 26.67 万平方米）的田园综合体。该项目致力打造"三最"菜园，并坚持"五无"种植方式即"无农药、无化肥、无激素、无除草剂、无转基因"的种植理念，通过现代科技进行高端有机蔬菜的规模化种植、电商家庭宅配供应和众筹方式，为城市家庭提供优质的有机蔬菜、大米。通过"企业＋农户"模式合理利用土地资源，营造极具农耕田园气息的生态环境，为游客提供假日休憩、休闲观光、亲子活动、农耕体验、康养娱乐、科普文化等配套服务。但由于该项目主打为农业种植，企业主不擅长教育和文旅领域，在疫情常态化下，项目集中回归种植，原有的一些景观设施也由于违建或闲置，略显破败。

　　2019 年，广州一旅行社在西塘村附近 1000 米处的横坑村打造了一个以种植为主题的特色生态园。园区开发秉承"尊重自然，顺应自然，保护自然"的生态文明理念，坚持因地制宜原则，充分利用闲置农田、低效土地、空置房屋进行有效整合。项目计划总投资 1.2 亿元，建成占地约 1200 亩（约 80 万平方米）的高效农业生态园。但由于疫情常态化，该项目母体公司旅行社业务大受打击，对该项目的持续投入能力不足。而且种植观光的产品定位对小孩的吸引力不足，游客逗留时间过短，消费单量不高。

四、西塘村乡村企业的发展瓶颈

1．疫情常态化下持续资金不足

农业企业前期投入比较大，在疫情常态化背景下，收入大大减少。旅游和研学人数较少，固定租金、员工成本过高，经营困难。稻草公园、泥巴乐园、麦田生态园都受到疫情的重大影响，收益降低，租金没有减少。企业资金不足，勉强维持现状，不敢扩大规模。

2．建设用地指标限制

西塘童话小镇的企业在发展一、二、三产业融合过程中，面临各种建设指标限制，无法修建硬底化停车场。村里可激活的民宿不多并且质量不佳。企业租了三年原来是空心村的旧村，但是不能大拆大建，本身旧房子存在格局、质量和成本方面的问题导致旧改无法进行。一些企业投入的大量研学配套设施被拆。图11.4为"四小园"由于遮阴篷面积过大准备被拆除。

图11.4 "四小园"由于遮阴篷面积过大准备被拆除　摄影　宋阳

3. "一懂两爱"人才不足

西塘童话小镇虽然基础设施不错，但缺乏商业配套，留不住人才。"懂农业、爱农村、爱农民"的年轻人对异地乡村的归属认可度不高。农村的生活比较简单，田园生活很美丽，但是年轻人更向往大都市热闹的生活。再加上在农村工作的收入不高，会流失大部分有才青年。

五、疫情常态化背景下，西塘村文旅教育企业的转型路径

1. 民宿员工承包制

在疫情背景下，文旅行业受到严重影响，尤其是做研学、亲子项目的，周一到周五几乎没人，租金、工资等固定成本给企业带来巨大的压力。为了控制成本，维持企业的生存，西塘童话小镇的科创园艺公司采取民宿承包制。公司员工承包民宿经营，调动了员工的积极性，同时提高了员工的收入，是留住年轻人的一种重要模式。

2. 创新优化运营方式

与第三方专业的研学公司合作，把盈利性不高且不擅长的业务外包。稻草农业公园与第三方研学公司开展合作，节约了研学的人力成本，实现了共赢。泥巴乐园作为专业的研学教育公司，通过"一米菜园""一亩果园"等形式租给城市人，除了获得运营的租金收入之外，还能实现园区引流。通过定制式的团队采购，减少员工成本，着力做好团队服务。周一到周五通过闭园的形式，减少园区损耗、维护成本和员工闲置成本，集中做好周五至周日的亲子或团建等活动，借此度过疫情危机。西塘童话小镇的文旅项目，在种植、养殖的基础上增加了亲子研学环节，除了增加企业收益，还很有劳动和亲子教育意义（见图11.5）。

图 11.5 　西塘童话小镇的文旅项目，在种植、养殖的基础上增加了亲子研学环节，除了增加企业收益，还很有劳动和亲子教育意义

摄影　洪迎秀

3. 企业家威望带动青年人才下乡

吸引本科生、硕士研究生去农村发展，助力乡村振兴。要使得乡村具备留住有能力、有才华的年轻人的魅力，年轻人才的工资、住宿、餐饮等物质激励是一方面，对于"00 后"的本科就业大军，还要给予精神激励，丰富他们的业余休闲生活，提升他们对乡村的热爱和坚持。

（作者：洪迎秀，广东省普通高校特色新型智库"粤港澳大湾区新兴产业协同发展研究中心"研究人员、办公室主任。陆剑宝，见本书勒口）

222

第十二章　乡　村　物　流

湾区"粮"策——粤港澳大湾区（广东·惠州）绿色农产品供应基地的运营模式

　　"罗浮山下四时新，卢橘杨梅次第新。"苏东坡笔下的罗浮山所在地——惠州博罗是粤港澳大湾区城市惠州的北部山区县，除了南部与惠州城区和惠州仲恺高新区相连，积极发展工业和服务业外，博罗北部由于山多地少，积极发展优质农产品。富硒农产品、水果、蔬菜和肉类的出品都非常优质。《粤港澳大湾区发展规划纲要》中明确写道："保障内地供港澳食品安全，支持港澳参与广东出口食品农产品质量安全示范区和'信誉农场'建设，高水平打造惠州粤港澳绿色农产品生产供应基地。"由中国供销集团和广东供销集团联合打造的粤港澳大湾区（广东·惠州）绿色农产品生产供应基地选址在惠州市博罗县泰美镇新排村，项目总投资50亿元，其中中国供销集团出资25亿元，广东供销集团出资25亿元。占地1600亩（约106.67万平方米），分三期建设。2021年动工，截至2022年6月，本调研团队走访之际，第一期已经完工并部分投入使用，项目推进相当高效。图12.1为粤港澳大湾区（广东·惠州）绿色农产品生产供应基地，位于惠龙高速和长深高速在博罗县的交界口，位置相当优越。

图 12.1　粤港澳大湾区 (广东·惠州) 绿色农产品生产供应基地,位于惠龙高速和长深高速在博罗县的交界口,位置相当优越

摄影　陆剑宝

一、绿色农产品供应基地是城市与乡村的桥梁

2019 年广东省粮食产量为 1240.8 万吨, 消费量约达 5125 万吨; 全省净调入粮食量超过 3880 万吨, 缺口超过 75%。粮食安全和粮食稳定是广东民生的重要稳定器。"粮食生产——粮食储备——粮食供应" 在广东具有重要的战略意义。惠州博罗下连粤深港澳四大珠江东岸特大城市, 上连博罗、龙门、河源、韶关、江西等大规模农产区, 起着重要的 "联结小农户, 对接大市场" 的桥梁作用。绿色农产品基地是粤港澳大湾区一、二、三产业融合发展的缩影, 在基地中, 可以有浓缩的种养殖、农用设施展示, 也可以有农产品仓储和物流、初加工和深加工, 还可以有农耕文旅和研学。农产品基地突破以往的工业园模式, 整合了农业、加工业和服务业, 是粤港澳大湾区新兴产业协同发展的新模式和未来方向。

二、博罗泰美绿色农产品供应基地的运作模式 ——五个大平台

1. 民生维稳——大粮仓

基地将建成广东重要农产品应急保供基地，在生产端稳定粮源基础。牵头建设汕尾、南雄、怀集3个丝苗米省级现代农业产业园。提供种苗供应、技术指导、翻耕播一体化、施肥用药和病虫害防治、收购加工、品牌销售"六统一"管理服务，带动优质水稻种植。在加工仓储端落实保供稳价，建成运营45万吨粮库和10万吨米面油加工车间，承接27.5万吨粮食政策性储备任务，为应对突发事件发挥保供稳价作用。稻谷存储和经加工包装大米仓储，课题组通过实地调研发现有专门存储经加工包装的大米并整齐有序地堆叠在粮仓中。厚重的门一打开，米的香气像是被压抑了很久，终于在这一瞬间得到了释放，即使在低温存储下，也无法抵挡这股香气扑面而来。项目负责人张总经理讲解说这些是从越南、泰国等产地输送到我国广东的袋装大米，包装上还标注着"本产品输往中华人民共和国"。该供应基地虽然还在建设中，但早已经开始运营并且不仅仅只是面向广东的供销，同时还面向全国乃至会对国外其他地区进行农产品供销和交易，在面对广东粮食供不应求的问题上具有极大的发展潜力以及对我国的发展将产生非常大的带动作用。建设完成后其粮食、肉类等储备可达100万吨，农产品交易量可达500万吨，同时已经引进了8家鸡蛋企业，总计划达到14万吨保鲜鸡蛋，足以吸纳市场调控。在足够强的污水处理能力以及环境生态优质的基础上，鸡蛋企业不仅符合环保绿色生产，还能打造大湾区第一个鸡蛋产业期货。

2. 追溯源头——大农场

农户们想要到基地内部农场种地或让供应基地收购他们的农产品，必须先通过社员进入制度进行农户登记并成为供销社社员。供销社后期还会为其提供种植技术和指导要求来统一种植过程的标准。供应基地在面对周边散乱的农田时也可以利用这样的机制来增大土地资源的利用率以惠及农户。在散户种植的整个过程中虽然不能时刻监督，但在镇一级有专门的检测系统和人员，根据统一的收购标准对农产品的农药残留进行检测，符合中心收购标准的农产品才能进入集散中心，再通过分类存储到该基地的粮仓里，以此来使农产品的源头具有规范性和标准化。供应基地的云种植系统会对每天收购的量进行跟进上报和统筹兼顾市场的行情，在农产品收购定价方面，根据前一天的农产品的收集量以及用量和市场行情来确定第二天农产品的收购价，同时农户还可以与公司签订保底协议，不完全根据市场价格行情的涨跌进行绝对的定价，给予农民收入保障。另外，公司通过供销社的形式将农散户吸纳进来，到农场种地，为他们提供社会化服务，发挥联农带农作用。据张总经理讲，目前有的地方农场做得比较好，比如台山水稻，公司给予他们的社会化服务可以达到全覆盖，提供无人机、播种、收割、施肥等全部管控服务。但基于目前技术不够完善，有些地方未能实现社会化服务全覆盖。

3. 产融增值——大厨房

目前已在供应基地内部打造了一个中央大厨房——国惠膳。该公司包括农业生产基地、采购配送中心、中央厨房的全系列供应管理体系。实行统一原材料采购、加工、配送，每一块菜地都是管理人员用标准方法去打理和栽培的，所有食材都是大品牌供应，保证一品一码可追溯且都是非转基因食材，精简了复杂的初加工操作。有严格的质量安全控制系统把控农产品及原料的验收、食品生产加工销售环节和信息查询追溯找回，严格对标海关出口检测标准，高品质食材"湾区标准"和实行全环节抽检制度，建立食品准出和准入查验制度，与供销社农产品田头集散服务市场联动确保食品质量安全。另外，操作岗位单纯化、工序专业化，有利于提高餐饮业标准化、工业化，更科学地保障客户的餐桌安全。该项目第一期日供可同时满足 6 万人的供餐需求，学生餐配送范围可覆盖惠州全市各县区，由公司专车配送以及记录行驶轨迹，并参与整个供应链的全程监控，打通从田间到餐桌的直通链条。

4. 网络优势——大市场

依托供销系统省市县镇村五级组织网络，注入供销社企业全资源要素，共筑与农民密切联结的桥梁纽带。依托供销系统服务网络，联合村集体经济组织构建线上、线下一体化的助农服务中心。提供产业全链条综合服务，通过"镇（村）供销社 + 村助理 + 中小农户"模式，促进优质优价农资和先进农业技术下行，助力散集农产品分级分类上行。通过聚集现代流通新要素，实现小农户与大市场的有效对接，助农增收致富。通过收集家庭农场、中小农户和专业合作社，农产品溯源，乡镇供销社和标准化种植辅导，再进入农产品田头散集中心综合服务平台对净菜加工和分级分类到大湾区农产品基地或输送到中央厨房、供港出口、直供配送平台、南菜北运等。供应基地利用自有的大数据平台优势，通过商超零售、机团配送、电子商城、消费帮扶等线上、线下渠道对接全省5000多个零售终端，在销售端牵头打造"广东丝苗米"公共品牌。最后，除了本身庞大的多层级销售网络，供销集团基地还有定点供应政府和部队食材的保密要求和质量保证等优势。

5. 数字赋能——大平台

建成农产品全产业链数字生态共同体，与数字广东、华为等科技企业合作，组建数字化团队打造数字供应链，让每个节点都能植入数据芯片，打造数字化运营。据访谈了解到，供应基地在供应链前端建立了云种植系统，对种植基地的所有农产品甚至是整个种植过程进行不间断的监控和数据汇报，可随时检测到是否使用化肥、农药以及虫灾、气候、土壤健康等全方面生长因素的情况，还能统计农产品从萌芽开始到餐桌的一生，让农作物在这个数据时代也可以活得更加健康。大数据平台的建立更有效帮助基地瞄准"绿色"方向，创新研发安全、高效的功能肥料产品，改良土壤，提高肥料利用率，促进农业面源污染治理和生态修复。另外，立足种植过程的原点，不断创新优化服务模式，借助农业大数据平台为种植户赋能，让数据成为未来农业发展的"新肥料"，让种植户成为轻松种收的幸福"新农人"，实现"让种植户种好＋让种植户卖好＋让消费者吃上营养附加值高的健康农产品"的目标。

在调研团队调研之际，该大湾区绿色农产品生产供应基地还在如火如荼地进行建设。既有供销社集团背后的资金、科技和销售网络的优势，又有人才储备的优势；既有选址精准的开局利好，又有乡村振兴的政策所向，该基地项目落实做足成色，将能为港澳地区和湾区内地大城市稳定"菜篮子"价格和提供优质"果盘子、茶罐子、花瓶子"等农产品发挥越来越重要的作用。

（作者：谭学轩，广东省普通高校特色新型智库"粤港澳大湾区新兴产业协同发展研究中心"研究人员。陆剑宝，见本书勒口）